U0153604

圖解系列

圖解

五南圖書出版公司 印行

迴歸分析

陳耀茂 / 編著

閱讀文字

理解內容

觀看圖表

圖解讓
迴歸分析
更簡單

序言

　　以統計方式處理數據中，迴歸分析是活用次數最高、活用領域也甚廣的手法之一，並且迴歸分析的理論與其他統計的解析手法有密切關聯。因此理解迴歸分析並使能實際活用，對必須實踐數據調查與數據分析的人來說，可以說是必須學習的內容。

　　本書是以想使用迴歸分析進行數據分析，以及想學習迴歸基本知識與用法的初學者所編寫的入門書。

　　本書的特徵在於迴歸分析的理解與活用上，充分活用 Excel 的表格計算軟體。提出使用 Excel 的理由，是表格計算軟體種類中最為普及的軟體之一，其具備實施迴歸分析的機能，另外附加的統計分析機能也甚為充實完備，有助於數據分析。

　　本書的構成如下：

　　第 1 章就迴歸分析的概要與基礎知識進行解說，與迴歸分析密切關聯的相關分析也一併敘述。

　　第 2 章就單迴歸進行解說，其為第 3 章後各種手法的基礎。

　　第 3 章是對複迴歸分析進行解說，是本書的中心。針對複迴歸分析的相關知識以及利用 Excel 實踐的方法，一面使用例題一面說明。另外有關質性資料的處理方法也一併解說。

　　第 4 章解說在實務上活用複迴歸分析的重要問題（包括多重共線性與變數選擇）。

　　第 5 章解說在日本稱為「數量化理論 I 類」的手法。其與迴歸分析有密切關係，因此本章提出來探討。

　　第 6 章介紹以迴歸分析處理實驗數據的方法。通常實驗數據的解析是使用稱為變異數分析的手法，此處也一併解說，即使使用迴歸分析也可得出相同結論。

　　第 7 章介紹羅吉斯迴歸的分析手法。應用迴歸分析的數據，想要預測的數值必須是數量性數據，但羅吉斯迴歸並不是數量數據，而是利用在質性資料的分析手法。

　　第 8 章介紹曲線迴歸的分析方法，由於數據的趨勢不一定形成直線，可能以多項式或其他形式出現，因此本章就此提出探討。

　　本書是與迴歸分析有關的書，對其相關的 Excel 函數與機能雖有說明，但與迴歸分析無直接關係的函數或機能則不太詳細解說，有興趣的讀者可以參閱《Excel 統計分析》（五南）。

　　另外本書是以圖解及表格為中心進行解說，相信閱讀之後對於迴歸分析是什麼？有什麼功用？心中的陰霾將可一掃而空。

　　最後要感謝林仕玲、楊欣蓉、盧彥均等三位同學幫忙整理文稿，也感謝五南出版社提供出版機會，方使本書得以順利完成，謹此表示謝意。

陳耀茂
謹誌於東海大學

CONTENTS 目錄

序言

第 6 章　實驗數據的迴歸分析

第 7 章　羅吉斯迴歸分析

第 8 章　曲線迴歸分析

參考文獻

第1章
迴歸分析基礎知識

本章內容

1-1 迴歸分析與相關分析的基礎知識

1-1-1 迴歸分析的概要
■ 何謂迴歸分析

以下資料是針對 9 位學生測驗英文單字與作文能力的成績：

資料表

學號	單字能力	作文能力
1	80	79
2	66	62
3	56	65
4	44	40
5	36	48
6	83	86
7	42	49
8	56	52
9	40	47

根據資料來繪製英文單字與作文能力的散佈圖，即為如下：

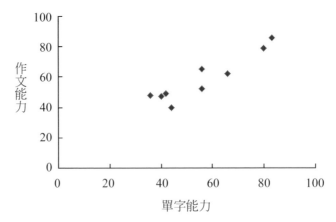

單字能力與作文能力的散佈圖

觀察此散佈圖，可以看出單字能力高的學生，其作文能力也呈現高的傾向。
接著試將直線適配在顯示英文單字與作文能力的散佈圖上看看：

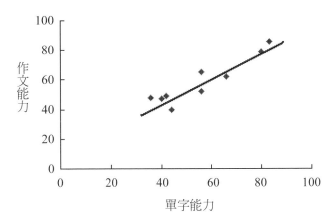

散佈圖與迴歸直線

將此直線稱爲 y（作文能力）對 x（單字能力）的迴歸直線。以式子表示即爲：

作文能力 = 11.675 + 0.8408× 單字能力

此種式子稱爲迴歸式。求迴歸直線、迴歸曲線或迴歸式的分析則稱爲迴歸分析。

迴歸此用語是優生學者高爾登（Francis Galton）所取名。他曾預估「身高被認爲是遺傳的，因之父母的身高與子女的身高（成人）是相同的值」，亦即可得出：

y（子女的身高）＝ x（父母的身高）

可是實際上並非如此，一般而言身高矮的父母所生的子女，其身高會比父母高些；身高高的父母所生的子女，其身高會比父母矮些，終究任一者均會回到子女全體的平均值之上，因此將此現象稱爲迴歸（regression）。

■ 迴歸分析的用語

y 對 x 的迴歸直線想像成：

$$y = b_0 + b_1 x$$

在迴歸分析中 x 稱爲說明變數（或獨立變數），y 稱爲目的變數（或從屬變數）。一般符合 x 或 y 的測量或觀察項目稱爲變數。在先前的例子中，單字與作文能力即爲變數，即單字能力爲說明變數、作文能力爲目的變數。

迴歸分析的說明變數並不限於一個，也有兩個以上。當說明變數只有一個時，稱爲單迴歸分析；說明變數兩個以上時，稱爲複迴歸分析。

單迴歸分析是就目的變數 y 及一個說明變數 x 的一次式，亦即：

$$y = b_0 + b_1 x$$

此為求 x 與 y 之間的關係式之手法。

複迴歸分析是就目的變數 y 與多個說明變數 $x_1, x_2, \cdots x_p$ 的一次式，亦即：

$$y = b_0 + b_1 x_1 + b_2 x_2 + \cdots + b_p x_p$$

此為求 x 與 y 之間的關係式之手法。

b_0 稱為截距（常數項），b_1、b_2、$\cdots$、b_p 稱為偏迴歸係數。

■ 各種迴歸式

在 x 與 y 之間設想的式子並不限於之前所表示的一次式，可以想出各種式子。特別是目的變數 y 以如下說明變數 x 的多項式表示之迴歸式（又稱作多項式迴歸式）：

$$y = b_0 + b_1 x + b_2 x^2 + \cdots + b_p x^p$$

此外像：

$$y = e^{b_0 + b_1 x}$$

諸如此類取決於經驗及理論可想出各種迴歸式。

要設想哪種迴歸式，要看進行迴歸分析的人其能力而定。此處所提的能力，並非統計學的知識，而是指資料的背後所具有固定領域的技術與學理上的知識。然而設想複雜的迴歸式，計算只會變得複雜，精度並不會提高太多。一般認為單純的迴歸式較好。

■ 迴歸分析的用途

迴歸分析可活用於：

①預測

②要因解析

所謂預測的活用是指某一個變數之值，想用其他一個或兩個以上的變數之值來預測的情形。想預測的變數是目的變數，用於預測的變數是說明變數。

想預測的情形有：

a. 想預測某數值

b. 想逆估計某數值

c. 想檢討某特性的代用特性

譬如想由選址條件預測店的銷貨收入時，即相當於①。相反的，使用預測銷貨收入的式子，為了得到希望的銷貨收入而檢討選址條件時，即相當於②。此外，利用產品的破壞強度與產品重量的關係，想以產品重量檢查代替破壞強度檢查時，即相當於③。當有想測量之性能（真正特性）時，以其代用來測量者，則稱為代用特性。破壞強度的檢查如以產品重量的檢查來代用時，破壞強度即為真正特性，產品重量則為代用特性。

所謂要因解析的活用，是指某一個變數在變動的要因，想從其他許多變數中找出時的活用。顯示關心對象之結果的變數即為目的變數；成為其要因的變數即為說明變數。

　　預測與要因解析的利用，在考量迴歸分析的結果時，所持的觀點有甚大的不同。如果是預測時，重點放在預測精度，而要因解析則重點在掌握哪一個要因對結果有多少的影響。

■ 量的變數與質的變數

　　以下資料是有關 25 位成人的體格與健康狀態等。

資料表

號碼	體重	身高	腰圍	健康狀態	性別	血型
1	60	165	80	優	男	A
2	58	160	70	良	男	A
3	58	173	75	可	男	B
4	63	175	80	優	男	A
5	70	180	85	優	男	B
6	51	160	60	優	女	O
7	48	158	55	良	女	O
8	51	163	63	良	女	AB
9	52	169	60	優	女	A
10	45	155	55	優	女	A
11	66	177	73	可	男	B
12	71	180	82	優	男	B
13	80	181	85	優	男	B
14	75	175	78	可	男	O
15	72	173	75	優	男	O
16	52	168	65	優	女	AB
17	46	159	59	良	女	B
18	51	163	57	良	女	A
19	54	166	61	良	女	A
20	62	170	83	優	男	B
21	70	180	85	可	男	B
22	58	165	75	優	男	B
23	48	158	58	優	女	B
24	55	170	73	可	男	O
25	50	159	60	優	女	A

　其包含體重、身高、腰圍、健康狀態、性別、血型等六個變數，但依資料的性質，可以分成量的變數與質的變數。像體重、身高、腰圍以數量表現之變數稱為量變數，像健康狀態、性別、血型無法以數量表現之變數則為質變數。

　當考察量變數或質變數時，要注意資料的測量尺度。資料依測量尺度可分成以下四者：

① 名義尺度：

　性別的資料是以男或女的尺度來測量，在此資料間並未存在大小或順序關係，此種資料稱為名義尺度。血型也是其中一種。

② 順序尺度：

　健康狀態的資料是以優、良、可的尺度來測量，彼此間有順序關係，此種資料稱為順序尺度。但順序尺度並無優與良之差等於良與可之差的性質，亦即未能保證等間隔性。

③ 間隔尺度：

　體重、身高、腰圍的資料具有順序的意義，也能保證差的等價性，此種資料稱為間隔尺度。

④ 比例尺度：

　順序尺度之中除算（比）也具有意義的資料稱為比例尺度。體重、身高、腰圍的資料也是比例尺度。

　資料的尺度若相當於名義尺度或順序尺度的變數稱為質變數，若為間隔尺度或比例尺度的變數即為量變數。

■ 迴歸分析的資料

　迴歸分析可以應用的資料類型，是當目的變數為量變數時，至於說明變數不管是量變數或質變數均行。使用質變數時要引進虛擬變數，譬如將資料之值只取 0 與 1 的變數，必須先變換質的資料才行。

　說明變數均為質變數時，有稱之為數量化 I 類的手法，此與將說明變數全部改成虛擬變數再進行迴歸分析是一樣的。

　目的變數為質數時，可以應用羅吉斯迴歸。羅吉斯迴歸有二元羅吉斯迴歸、多項式羅吉斯迴歸、累積羅吉斯迴歸三種。二元羅吉斯迴歸的目的變數是名義尺度，類別數是兩類時所使用。單稱為羅吉斯迴歸時，即指二元羅吉斯迴歸；多項式羅吉斯迴歸的目的變數是名義尺度，類別數是三類以上時所使用；累積羅吉斯迴歸是目的變數為順序尺度時所使用。

1-1-2相關分析

〔例題 1-1〕

以下資料是針對 9 位學生測驗英文單字與作文能力的成績：

資料表

學號	單字能力	作文能力
1	80	79
2	66	62
3	56	65
4	44	40
5	36	48
6	83	86
7	42	49
8	56	52
9	40	47

根據此資料，繪製英文單字與作文能力的相關係數。

■ 散佈圖與相關係數

　　調查兩個變數 x 與 y 相互之間是呈現何種關係在變動時，利用散佈圖的視覺分析與相關係數的資料分析均是有效的。若散佈圖上的點呈現往右上的直線傾斜，稱為正向的相關關係，這意味 x 的增加 y 也增加；另一方面，若散佈圖上的點呈現往右下的直線傾斜，則稱為負向的相關關係，這意味 x 的減少 y 也減少；若毫無任何關係，則稱為無相關。

（正相關）　　　　　　（無相關）　　　　　　（負相關）

　　散佈圖的製作與觀察，對檢討相關關係是很重要的，但只能以視覺的方式掌握其強度。因此，以數值表示相關關係的強度者即爲相關係數。

　　相關係數一般以 r 的記號表示，其值一定在 –1 與 1 之間：

$$-1 \leqq 相關係數 \leqq 1$$

　　當爲正相關關係時，相關係數之值爲正；當爲負相關關係時，相關係數之值爲負。無相關時，即爲 0 附近之值。相關關係愈強，$|r|$ 或 r^2 之值會愈接近 1。

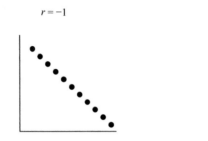
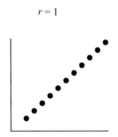

$r = -1$　　　　　　　　　　$r = 1$

■ 相關係數的計算式

2 個變數 x 與 y 之相關係數 r 以下式來計算：

$$r = \frac{S(xy)}{\sqrt{S(xx)S(xy)}}$$

此處：

$$S(xx) = \sum_{i=1}^{n}(x_i - \bar{x})^2 \qquad\qquad x \text{ 的偏差平方和}$$

$$S(yy) = \sum_{i=1}^{n}(y_i - \bar{y})^2 \qquad\qquad y \text{ 的偏差平方和}$$

$$S(xy) = \sum_{i=1}^{n}(x_i - \bar{x})(y_i - \bar{y}) \qquad\qquad x \text{ 與 } y \text{ 的偏差積和}$$

■ Excel 的解析

< 步驟 1 > 輸入資料。

	A	B	C	D	E	F
1	單字能力	作文能力				
2	80	79				
3	66	62				
4	56	65				
5	44	40				
6	36	48				
7	83	86				
8	42	49				
9	56	52				
10	40	47				
11						

< 步驟 2 > 計算相關係數。

	A	B	C	D	E	F	G
1	單字能力	作文能力		相關係數	0.9334		
2	80	79					
3	66	62					
4	56	65					
5	44	40					
6	36	48					
7	83	86					
8	42	49					
9	56	52					
10	40	47					
11							

[儲存格內容]

E1; = CORREL(A2：A10 , B2：B10)

〔例題 1–2 〕

以下資料是測量 25 位成人的體重與身高所得者。

號碼	體重	身高
1	60	165
2	58	160
3	58	173
4	63	175
5	70	180
6	51	160
7	48	158
8	51	163
9	52	169
10	45	155
11	66	177
12	71	180
13	80	181
14	75	175
15	72	173
16	52	168
17	46	159
18	51	163
19	54	166
20	62	170
21	70	180
22	58	165
23	48	158
24	55	170
25	50	159

1. 試求體重與身高的相關係數。
2. 試進行無相關的檢定。
3. 試估計母相關係數（試求 95% 信賴區間）。

■ 無相關的檢定

2 個變數 x 與 y 均服從常態分配時，此等變數稱為服從二元常態分配。

對於二元常態分配的變數來說，可進行如母相關係數 ρ 的檢定：

$$虛無假設 H_0：\rho = 0$$
$$對立假設 H_1：\rho \neq 0$$

此檢定稱為無相關的檢定。所謂母相關係數 ρ，是以非常多的資料（數學上是無限個資料）來想的相關係數，用來檢定此值是否為 0，即為判定是否可想成相關關係。其檢定是基於如下理論進行：

當母相關係數 ρ 是 0 時，對相關係數 r 進行變換：

$$t = \frac{r\sqrt{n-2}}{\sqrt{1-r^2}}$$

即 t 服從自由度 $n-2$ 的 t 分配。此處 n 表示觀測對象數（樣本和）。

但應用此檢定時，要注意下列兩點：

① 無相關的檢定 x 與 y 均服從常態分配時才有意義。

如將 x 指定幾個值來進行實驗，對於此種資料而言是無意義的：

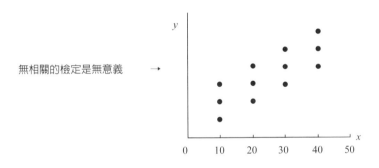

無相關的檢定是無意義　→

② 若無相關的檢定為顯著，其與被認為有強烈的相關關係是兩碼事。此檢定不過是判定有無相關關係，並非檢定有無強烈的相關關係。

■ 母相關係數的估計

對於母相關係數進行區間的估計時，可使用稱為 z 變換的方法，具體步驟如下：

① 將相關係數 r 進行 z 變換：

$$z = \tanh^{-1} r$$

（註）$\sinh x = \dfrac{\left(e^x - e^{-x}\right)}{2}$

$\cosh x = \dfrac{\left(e^x + e^{-x}\right)}{2}$

$$\tanh x = \frac{\left(e^x - e^{-x}\right)}{\left(e^x + e^{-x}\right)}$$

② 求信賴區間的寬度 h：

$$h = \frac{1.96}{\sqrt{n-3}}$$

③ 以逆變換還原：

信賴上限 $\tanh(z - h)$

信賴下限 $\tanh(z + h)$

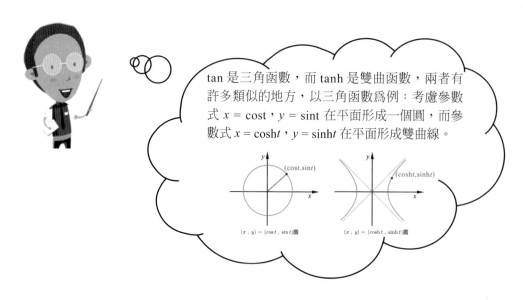

tan 是三角函數，而 tanh 是雙曲函數，兩者有許多類似的地方，以三角函數為例：考慮參數式 $x = \cos t$，$y = \sin t$ 在平面形成一個圓，而參數式 $x = \cosh t$，$y = \sinh t$ 在平面形成雙曲線。

$(x , y) = (\cos t , \sin t)$圖　　　　$(x , y) = (\cosh t , \sinh t)$圖

■ Excel 的解析

<步驟 1 > 輸入資料。

	A	B	C	D	E	F
1	體重	身高				
2	60	165				
3	58	160				
4	58	173				
5	63	175				
6	70	180				
7	51	160				
8	48	158				
9	51	163				
10	52	169				
11	45	155				
12	66	177				
13	71	180				
14	80	181				
15	75	175				
16	72	173				
17	52	168				
18	46	159				
19	51	163				
20	54	166				
21	62	170				
22	70	180				
23	58	165				
24	48	158				
25	55	170				
26	50	159				

<步驟 2 > 相關係數的計算與檢定、估計。

	A	B	C	D	E	F	G
1	體重	身高		相關係數	0.8847		
2	60	165		n	25		
3	58	160		自由度	23		
4	58	173		t	9.1018		
5	63	175		p值	4.38E-09		
6	70	180					
7	51	160		z變換	1.39699845		
8	48	158		寬度h	0.4178734		
9	51	163					
10	52	169		信賴上限	0.7525		
11	45	155		信賴下限	0.9483		
12	66	177					
13	71	180					
14	80	181					
15	75	175					
16	72	173					
17	52	168					
18	46	159					
19	51	163					
20	54	166					
21	62	170					
22	70	180					
23	58	165					
24	48	158					
25	55	170					
26	50	159					

[儲存格內容]

E1; = CORREL (A2：A26 , B2：B26)

E2; = COUNT(A：A)

E3; = E2 − 2

E4; = E1* SQRT(E2 − 2)/ SQRT(1 − E1^2)

E5; = TDIST(ABS(E4), E3 , 2)

E7; = FISHER(E1)

E8; = 1.96 /SQRT(E2 − 3)

E10; = FISHERINV(E7 − E8)

E11; = FISHERINV(E7 + E8)

■ 結果的看法

相關係數 $r = 0.8847$。

在無相關檢定中，p 值 $= 4.38 * 10 < 0.05$，結果是顯著，亦即母相關係數並不是 0。

母相關係數 ρ 的 95% 信賴區間是 $0.7527 \leqq \rho \leqq 0.9483$

FISHER 是傳回在 x 時的費雪轉換。此轉換會產生常態分配的函數而非分數（斜式）。使用此函數來執行相關係數上的假設檢定。FISHERINV 是傳回費雪轉換的反函數值。當分析資料範圍或資料陣列間的相互關係時，可使用此轉換。如果 y = FISHER(x)，則 FISHERINV(y) = x。F.INV 是傳回 F 機率分配的反函數值。如果 p = F.DIST(x, d1, d2)，則 F.INV(p, d1, d2) = x。F 分配可以在 F 檢定中使用，該 F 檢定是用來比較兩組資料中的變異程度。

〔例題 1-3〕

以下是有關 25 位成人的體重、身高、腰圍所得出的資料：

資料表

號碼	體重	身高	腰圍
1	60	165	80
2	58	160	70
3	58	173	75
4	63	175	80
5	70	180	85
6	51	160	60
7	48	158	55
8	51	163	63
9	52	169	60
10	45	155	55
11	66	177	73
12	71	180	82
13	80	181	85
14	75	175	78
15	72	173	75
16	52	168	65
17	46	159	59
18	51	163	57
19	54	166	61
20	62	170	83
21	70	180	85
22	58	165	75
23	48	158	58
24	55	170	73
25	50	159	60

試就體重、身高、腰圍 3 個變數，求相互的相關係數。

■ 相關矩陣

針對三個以上的變數來求每兩組的相關係數時，應求出數個。當變數的個數有 k 個時，即要求出 $k(k-1)/2$ 個相關係數。一般而言相關係數以如下的矩陣形式來整理：

	x_1	x_2	x_3
x_1	1	r_{12}	r_{13}
x_2	r_{12}	1	r_{23}
x_3	r_{13}	r_{23}	1

此種矩陣稱為相關係數。對角元素由於是相關變數間的相關係數，所以是 1。
r_{12} 是 x_1 與 x_2 的相關係數。

相關不蘊涵因果（英語：Correlation does not imply causation），又稱為相關不代表因果，是科學和統計學經常強調的重要觀念，意思是若兩個事物（統計學上會用變數代表）有明顯相關時（即當一件事出現，另一件事也出現），不一定表示兩者之間有因果關係。看到夏商周三代的末代君王都寵幸美女，就認為美女會導致一個朝代覆亡（例如晉朝杜預為《左傳》做的註裡提到「夏以妹喜，殷以妲己，周以褒姒，三代所由亡也」），在沒有其他資料佐證的狀況下，就有可能犯了與此相似的謬誤。

■ Excel 的解析

要求出兩個以上的相關係數時，使用函數 CORREL 計算甚爲麻煩，此時可利用分析工具的相關機能。

< 步驟 1 > 輸入資料。

	A	B	C	D	E	F	G
1	體重	身高	腰圍				
2	60	165	80				
3	58	160	70				
4	58	173	75				
5	63	175	80				
6	70	180	85				
7	51	160	60				
8	48	158	55				
9	51	163	63				
10	52	169	60				
11	45	155	55				
12	66	177	73				
13	71	180	82				
14	80	181	85				
15	75	175	78				
16	72	173	75				
17	52	168	65				
18	46	159	59				
19	51	163	57				
20	54	166	61				
21	62	170	83				
22	70	180	85				
23	58	165	75				
24	48	158	58				
25	55	170	73				
26	50	159	60				
27							

< 步驟 2 > 活用分析工具。

選擇清單的 [資料] － [資料分析]：

（註）若已選擇 [資料] 但 [資料分析] 也未出現時，需要至 [增益集] 將 [資料分析] 加入。

於 [常用] 清單中任一處點右鍵，出現 [自訂快速存取工具列]，於 [Excel 選項] 中選擇 [增益集] 並按執行，出現對話框，勾選 [分析工具箱] 及 [分析工具箱集 -VBA] 即可。

出現如下對話框。

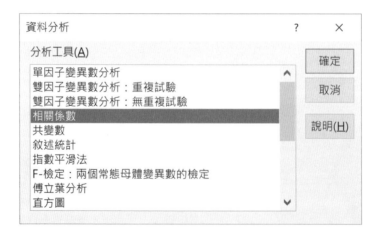

選擇〔相關係數〕，再按〔確定〕。

< **步驟 3** > 指定資料。

　出現如下的對話框，因之於 [輸入範圍] 中指定求出相關係數的資料範圍。此處的指定是從儲存格 A1 到 C 26，又因第 1 列是變數的標題，因此勾選 [類別軸標記是在第一列上（L）]。

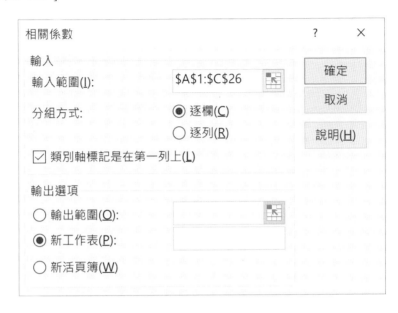

　按一下 [確定] 。新的試算表被插入，可得出如下的結果：

	A	B	C	D	E	F
1		體重	身高	腰圍		
2	體重	1				
3	身高	0.884701	1			
4	腰圍	0.877091	0.843239	1		
5						
6						
7						
8						
9						

　相關矩陣夾雜著對角元素「1」，右上與左下彼此的各要素形成對稱，由於是同值，因之右上的部分省略輸出。

■ **結果的看法**

　體重與身高的相關係數　$r_{12} = 0.8847$。

體重與腰圍的相關係數　$r_{13} = 0.8771$。
身高與腰圍的相關係數　$r_{23} = 0.8432$。

■ 相關矩陣的製作

以資料分析所得出的相關矩陣，在右上對角元素是被省略輸入，但此處仍介紹將此變換成正式（不省略）的相關矩陣形式之方法。

< 步驟 1 > 複製原先的矩陣。

將資料分析所得出的矩陣範圍框選後，選擇下拉清單的 [複製]。

	A	B	C	D
1		體重	身高	腰圍
2	體重	1		
3	身高	0.884701	1	
4	腰圍	0.877091	0.843239	1

< 步驟 2 > 貼上原先的矩陣。

按一下要貼上的儲存格 A6，選擇清單上的 [常用]－ [選擇性貼上]。

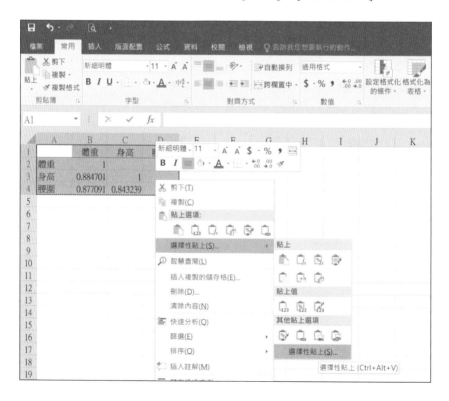

出現如下的對話框：

勾選 [值] 與 [轉置]。

按一下 [確定]。儲存格 A6 以下可作出如下的矩陣：

	體重	身高	腰圍
體重	1		
身高	0.884701	1	
腰圍	0.877091	0.843239	1

	體重	身高	腰圍
體重	1		
身高	0.884701	1	
腰圍	0.877091	0.843239	1

<步驟 3> 再貼到原先的矩陣上。

① 從上述的狀態，選擇下拉清單的 [複製]。

② 按一下最初的矩陣儲存格 A1。

③ 選擇清單上的 [常用] － [選擇性貼上]。

出現如下的對話框：

勾選 [值] 與 [略過空格]。

按一下 [確定]。儲存格 A1 以下可作出相關矩陣：

	A	B	C	D	E	F
1		體重	身高	腰圍		
2	體重	1	0.884701	0.877091		
3	身高	0.884701	1	0.843239		
4	腰圍	0.877091	0.843239	1		
5						
6		體重	身高	腰圍		
7	體重	1	0.884701	0.877091		
8	身高		1	0.843239		
9	腰圍			1		
10						
11						

Note

1-2 Excel 的迴歸分析機能

1-2-1單迴歸分析的統計函數

[數值例]

使用以下資料來介紹 Excel 的單迴歸分析機能，此處希望能掌握函數的用法。

x	y
29	41
48	55
28	38
32	41
26	32
21	28
23	30
23	34
26	37
29	35

■ INTERCEPT 與SLOPE

INTERCEPT 是為了求出 y 對 x 的迴歸直線 $y = b_0 + b_1 x$ 中 b_0 所使用的函數。

< **格式** > = INTERCEPT（已知的 y，已知的 x）

　　　　已知的 y → 包含目的變數　　　y 之值的儲存格範圍

　　　　已知的 x → 包含說明變數　　　x 之值的儲存格範圍

SLOPE 是為了求出 y 對 x 的迴歸直線中 b_1 所使用的函數。

< **格式** > = SLOPE（已知的 y，已知的 x）

　　　　已知的 y → 包含目的變數 y 之值的儲存格範圍

　　　　已知的 x → 包含說明變數 x 之值的儲存格範圍

	B12	▼		fx									
	A	B	C	D	E	F	G	H	I	J	K	L	M	I
1	X	Y		b0	9.8								
2	29	41		b1	0.9579								
3	48	55											
4	28	38											
5	32	41											
6	26	32											
7	21	28											
8	23	30											
9	23	34											
10	26	37											
11	29	35											

[儲存格內容]

E1; = INTERCEPT(B2：B11 , A2：A11)

E2; = SLOPE(B2：B11 , A2：A11)

可得出如下的迴歸式：

$$y = 9.8 + 0.5979\,x$$

■ RSQ 與 STEYX

RSQ 是為求出 y 對 x 的迴歸直線 $y = b_0 + b_1\,x$ 的貢獻率 R 平方所使用的函數。

< 格式 > = RSQ（已知的 y, 已知的 x）

　　　　已知的 y → 包含目的變數 y 之值的儲存格範圍

　　　　已知的 x → 包含說明變數 x 之值的儲存格範圍

STEYX 是為求出 y 對 x 的迴歸直線之殘差的標準差 $\sqrt{V_e}$ 所使用的函數。

< 格式 > =STEYX（已知的 y, 已知的 x）

　　　　已知的 y → 包含目的變數 y 之值的儲存格範圍

　　　　已知的 x → 包含說明變數 x 之值的儲存格範圍

	A	B	C	D	E	F	G	H	I	J	K	L	M
1	X	Y		b0	9.8								
2	29	41		b1	0.9579								
3	48	55		貢獻率	0.9134								
4	28	38		殘差的標準差	2.3842								
5	32	41											
6	26	32											
7	21	28											
8	23	30											
9	23	34											
10	26	37											
11	29	35											

[儲存格內容]

E3; = RSQ (B2：B11 , A2：A11)

E4; = STEYX (B2：B11 , A2：A11)

RSQ 是 R 平方值，可以解譯成 y 中變異數歸因於 x 中變異數的比例。STEYX 是傳回迴歸分析中為每個 x 所預測之 y 值的標準誤差。標準誤差值是用來量度由個別 x 預測 y 值時的誤差量。

1-2-2 複迴歸分析的統計函數

[數值例]

使用以下資料來介紹 Excel 的複迴歸分析機能。

X1	X2	y
31	35	27
32	40	31
32	42	32
25	38	26
35	35	30
30	32	25
34	49	39
27	35	24
28	35	25
24	37	24

■ LINEST

　　LINEST 是為求出複迴歸分析（含單迴歸分析）中，偏迴歸係數與統計量所使用的函數。

< 格式 > =LINEST（已知的 y , 已知的 x，常數，修正）

　　　　　已知的 y → 包含目的變數 y 之值的儲存格範圍

　　　　　已知的 x → 包含說明變數 x 之值的儲存格範圍

　　　　　常數 → 1 = 常數項不當作 0

　　　　　　　　　0 = 常數項當作 0

　　　　　修正 → 1 = 輸出迴歸分析的相關統計量

　　　　　　　　　0 = 只輸入偏迴歸係數

（註）LINEST 所處理的說明變數其個數在 16 個以下。

	J18		▼	fx									
	A	B	C	D	E	F	G	H	I	J	K	L	M
1	X1	X2	Y		0.6829	0.6439	-16.7011						
2	31	35	27		0.0363	0.0477	1.5870						
3	32	40	31		0.9916	0.4945	#N/A						
4	32	42	32		413.8412	7.0000	#N/A						
5	25	38	26		202.3883	1.7117	#N/A						
6	35	35	30										
7	30	32	25										
8	34	49	39										
9	27	35	24										
10	28	35	25										
11	24	37	24										
12													
13													

[儲存格內容]

E1; = LINEST (C2：C11，A2：B11，1，1)

　　LINEST 是以配列回答計算結果,因之當作配列數式輸入,具體輸入步驟如下:

① 於儲存格 E1 中輸入 = LINEST(C2：C11，A2：B11，1，1)

② 從儲存格 E1 框選到 G5。

　　一般說明變數的個數當作 k 時,要框選 5 列(k+1)行。

③ 注意儲存格 E1 的數式列,按一下輸入函數的前項(＝之前)。

④ 同時按住 Ctrl 鍵與 Shift 鍵時,再按一下 Enter 鍵。

　　利用 LINEST 的計算結果,以如下排法輸出統計量:

偏迴歸係數 b_2	偏迴歸係數 b_1	b_0
b_2 的標準差	b_1 的標準差	b_0 的標準差
貢獻率	殘差的標準差	
迴歸式的值	殘差的自由率	
迴歸平方和	殘差的平方和	

　　得出如下的迴歸式:

$$y = -16.7011 + 0.6439\, x_1 + 0.6829\, x_2$$

1-2-3 迴歸式的分析與資料分析工具

　　Excel 除了統計函數之外,活用資料分析工具也可執行迴歸分析。此處說明利用資料分析工具執行迴歸分析的步驟,使用的資料是 2-2 節所使用的例子。

< **步驟 1** > 輸入資料。

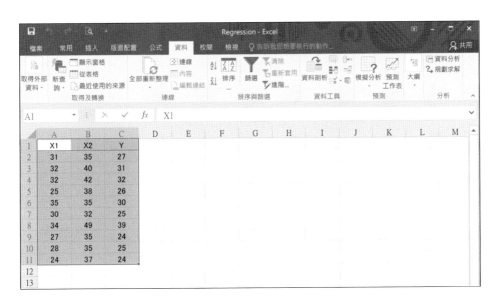

< **步驟 2** > 活用資料分析。

選擇清單的 [資料] － [資料分析]。

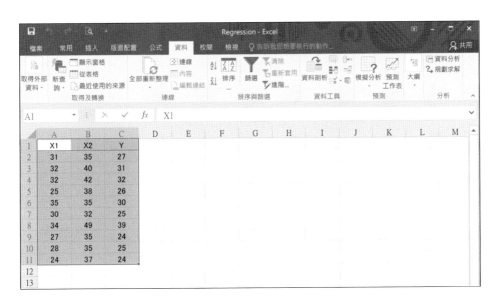

出現如下的對話框：

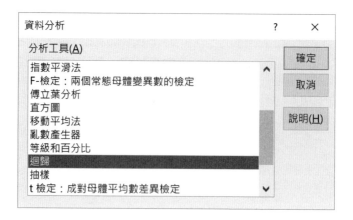

選擇 [迴歸]，按下 [確定]。

<步驟 3 > 指定資料。

出現如下的對話框：

① 於 [輸入 Y 範圍] 中指定要輸入的目的變數之資料。

　本例是指定從儲存格 C1 到 C11。

② 於 [輸入 X 範圍] 中指定要輸入的說明變數之資料。

　本例是指定從儲存格 A1 到 B11。

③ 輸入範圍的第一列是變數的標題，因之勾選 [註解]。

④ 勾選 [殘差] 與 [標準化殘差]。

　經以上操作後按下 [確定]，新的試算表被插入，得出新的迴歸分析之結果：

	M34	▼	ƒx								
	A	B	C	D	E	F	G	H	I	J	K
1	摘要輸出										
2											
3		迴歸統計									
4	R 的倍數	0.99579796									
5	R 平方	0.991613577									
6	調整的 R 平	0.989217456									
7	標準誤	0.494493813									
8	觀察值個數	10									
9											
10	ANOVA										
11		自由度	SS	MS	F	顯著值					
12	迴歸	2	202.3883311	101.1941655	413.8412236	5.40155E-08					
13	殘差	7	1.711668916	0.244524131							
14	總和	9	204.1								
15											
16		係數	標準誤	t 統計	P-值	下限 95%	上限 95%	下限 95.0%	上限 95.0%		
17	截距	-16.7011234	1.587035473	-10.523472	1.52685E-05	-20.4538659	-12.9483808	-20.4538659	-12.9483808		
18	X1	0.643862934	0.047688027	13.50156381	2.87181E-06	0.53109867	0.756627198	0.53109867	0.756627198		
19	X2	0.682910263	0.03627588	18.82546347	2.95567E-07	0.597131436	0.768689089	0.597131436	0.768689089		
20											
21											
22											
23	殘差輸出										
24											
25	觀察值	預測為 Y	殘差	標準化殘差							
26	1	27.16048679	-0.16048679	-0.3680024							
27	2	31.21890103	-0.21890103	-0.50194852							
28	3	32.58472156	-0.58472156	-1.34078912							
29	4	25.34603997	0.65396003	1.499555616							
30	5	29.73593852	0.26406148	0.605503175							
31	6	24.46789306	0.532106936	1.220141764							
32	7	38.65281926	0.347180738	0.796098846							
33	8	24.58503505	-0.58503505	-1.34150797							
34	9	25.22889798	-0.22889798	-0.52487192							

Sheet4 ╱ Sheet1 ╱ Sheet2 ╲ Sheet5 ╱ Sheet3 ╱

Note

第2章
單迴歸分析

本章內容

2-1 單迴歸分析的實例

2-1-1 迴歸式的計算與體驗

迴歸分析（Regression Analysis）是一種統計學上分析數據的方法，目的在於了解兩個或多個變數間是否相關、相關方向與強度，並建立數學模型以便觀察特定變數，藉以預測研究者感興趣的變數。更具體來說，單迴歸分析可幫助人們了解在只有一個自變數變化時，其應變數的變化量。

〔例題 2-1〕

以下數據是針對某汽車零件的硬度與製造工程中硬化劑的量，就 30 個產品所測量的結果：

號碼	x	y	號碼	x	y
1	53	50	16	83	90
2	69	63	17	56	50
3	85	90	18	68	55
4	60	69	19	65	64
5	66	62	20	53	70
6	59	73	21	64	62
7	50	43	22	60	70
8	83	88	23	39	51
9	53	52	24	80	85
10	56	61	25	70	71
11	69	65	26	58	58
12	55	76	27	54	47
13	74	99	28	62	74
14	69	78	29	72	78
15	69	81	30	48	37

試求出以硬化劑的量預測硬度的式子（硬化劑的量對硬度的迴歸直線）：

$$y = b_0 + b_{1x}$$

迴歸直線只有一個變數者稱為簡單迴歸，多個變數者稱為複迴歸或多元迴歸。

■ 散佈圖

在求迴歸式之前，先製作散佈圖進行觀察是很重要的。

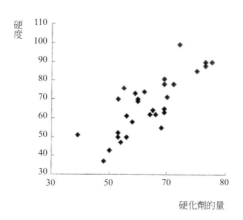

硬化劑的量與硬度的散佈圖

觀察此圖其硬化劑的量與硬度之間，可得知有直線的關係，另外也可看出不存在有偏離值。

■ 迴歸式的計算

< 步驟 1 > 輸入數據。

在儲存格 A1 與 B1 輸入標題，從 A2 到 A31 輸入硬化劑的量作為說明變數，B2 到 B31 輸入硬度的量作為目的變數。

	A	B
1	硬化劑的量	硬度
2	53	50
3	69	63
4	85	90
5	60	69
6	66	62
7	59	73
8	50	43
9	83	88
10	53	52
11	56	61
12	69	65
13	55	76

<步驟 2> 計算迴歸係數。

▲	A	B	C	D	E	F	G	H	I	J	K	L	M	N
1	硬化劑的量	硬度					b0	-2.1321						
2	53	50					b1	1.0915						
3	69	63												
4	85	90												
5	60	69												
6	66	62												
7	59	73												
8	50	43												
9	83	88												
10	53	52												
11	56	61												
12	69	65												
13	55	76												

[儲存格內容]

H1;=INTERCEPT(B2:B31, A2:A31)

H2;=SLOPE(B2:B31, A2:A31)

迴歸式求出為：

$$y = -.1321 + 1.0915x$$

■ 貢獻率

在目的變數 y 的變動中，可利用迴歸（取決於說明變數 x）說明的比率來作為貢獻率（判斷係數），通常以 R^2 的記號表示。貢獻率之值在 0 與 1 之間，愈接近 1 表示直線的配適（fit）愈好，因此當作迴歸式的適合度指標加以利用。

貢獻率 R^2 是以下式加以計算：

$$R^2 = \frac{S_R}{S(yy)}$$

此處：

$$S_R = \frac{(S(xx))^2}{S(xx)}$$

■ 殘差的標準差

要判斷迴歸式是否有幫助，只利用貢獻率是不夠的，也需要檢討殘差的大小。所謂殘差是指目的變數 y 之值，與利用迴歸式所預測之 y 值，其兩者之差。

> 殘差＝實際的 y 值 − 所預測的 y 值

　殘差小表示預測良好。殘差是針對各個數據加以計算，若樣本大小設為個，則殘差是由個所求出。因此需要掌握整體殘差的平均大小，所使用的是殘差的標準差。它可以想成是利用迴歸式預測的精確度，一般殘差的標準差可表現成 $\sqrt{V_e}$。

■ 貢獻率與殘差的標準差之計算

[儲存格內容]

H3;=RSQ(B2:B31,A2:A31)

H4;=STEYX(B2:B31,A2:A31)

$$貢獻率\ R^2 = 0.6297$$
$$殘差的標準差\ \sqrt{V_e} = 0.4581$$

　貢獻率為 0.6297，是指硬度的變動要因中有 62.97% 能以硬化劑的量來說明，而剩下的 37%（100% 減去 62.97%）可想成是其他的要因。

■ 迴歸式的檢定

　需要判定所求出的迴歸式是否有意義，因之要製作有關迴歸的變異數分析表進行檢定。

變異數分析表

要因	平方和	自由度	變異數	變異數比	p 值
迴歸 殘差	S_R S_e	1 $n{\sim}2$	$V_R = S_R/1$ $V_e = S_R/n^2$	V_R/V_e	F 的機率
計	$S(yy)$	$n{\sim}1$			

在此檢定中的假設如下：

虛無假設 $H_0：\beta = 0$（母迴歸係數為 0，亦即迴歸式無意義）。

對立假設 $H_0：\beta \neq 0$（母迴歸係數不為 0，亦即迴歸式有意義）。

如值（顯著機率）< 0.05 時，則判定迴歸式有意義。

■ 變異數分析表的製作與迴歸式的檢定

[儲存格內容]

H5; = COUNT(A:A)

H8; = ((COVAR(B2:B31,A2:A31)*H5^2)/DEVSQ(A2:A31))

J9; = J10-J8

J10; = DEVSQ(B2:B31)

K8; = 1

K9; = K10-K8

K10; = H5-1

L8; = J8/K8

L9; = J9/K9

M8; = L8/L9

N8; = FDIST(M8,K8,K9)

因為 p 值 $= 1.69 \times 10^{-7} < 0.05$，所以迴歸式可以說有意義。

■ 殘差的檢討

檢討每個殘差，再發現是否有偏離值及所求出的迴歸式是否適切，即成為有效的手段。如果求出殘差，不妨如下檢討：

① 殘差是否服從常態分配？
② 殘差與說明變數是否無關（獨立）？
③ 殘差與目的變數的預測值是否無關？
④ 殘差的時間性變化是否有習性？
⑤ 殘差有無異常大的數據？

　　在檢討以上事項的具體方法方面，就①來說，殘差的常態機率圖是有效的；就②來說，殘差與說明變數的散佈圖是有效的；就③來說，殘差與目的變數之預測值的散佈圖是有效的；就④來說，將殘差按時間順序排列的時間序列圖（折線圖）是有效的，但時間序列圖需要有關時間的資訊（譬如製造順序、測量順序、實際順序等）；就⑤來說，需要計算標準化殘差，因即使觀察殘差的值，仍無法判斷是否異常地大，以殘差的標準差除以殘差所得之標準化殘差去觀察，如其絕對值在 3 以上，即可想成是偏離值。

■ 殘差的計算

　　想求出殘差，雖需利用迴歸式求此目的變數的預測值，但 Excel 有 TREND 函數可用來迴歸計算預測值，因此可以計算殘差。

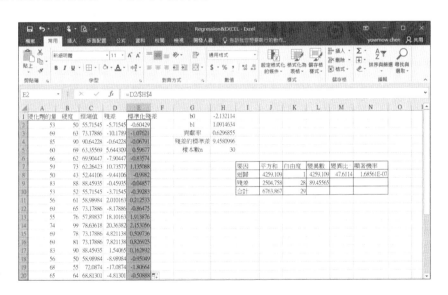

　　標準化殘差如無法看出是 3 以上或 -3 以下時，可以想成不是偏離值。

[儲存格內容]

C2;=TREND($B$2:$B$31,$A$2:$A$31,A2,1)　　　　（從 C31 複製 C2）
D2;=B2-C2　　　　　　　　　　　　　　　　（從 D3 至 D31 複製 D2）
E2;=D2/$H$4　　　　　　　　　　　　　　　（從 E3 至 E31 複製 E2）

■ 殘差的散佈圖

使用 B 行、C 行、D 行的數據製作散佈圖。

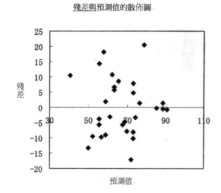

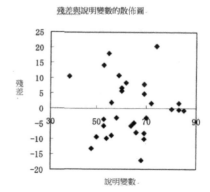

觀察任一個散佈圖均看不出有何傾向，像這樣解讀不出有何關係的狀態是最好的，如可看出有某種傾向時，意指迴歸式是不適切的。像此種情形須檢討說明變數是否需要平方，或將目的變數進行對數變換等，另外若存在偏離值時，散佈圖有時也可看出傾向。

■ 殘差的常態機率圖

檢討殘差是否服從常態分配，常態機率圖是很有效的。試著製作此圖形，當圖上的點幾乎排列在一條直線上，可以想成是服從常態分配。

■ 常態機率圖的製作

<步驟 1> 輸入數據（殘差）。

將 D 行已計算完成的殘差，複製到新工作表的 A 行中。

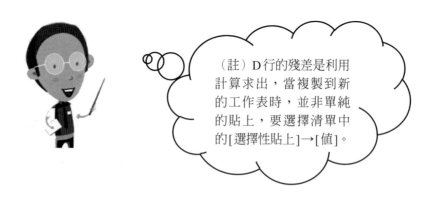

（註）D 行的殘差是利用計算求出，當複製到新的工作表時，並非單純的貼上，要選擇清單中的[選擇性貼上]→[值]。

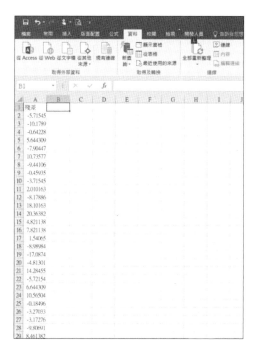

＜步驟 2＞計算機率。

[儲存格內容]

B2;=RANK(A2,$A$2:$A$31,1)+COUNT($A$2: A2, A2)-1　　　（從 B3 至 B31 複製 B2）

C2;=(B2-0.5)/COUNT(B:B)　　　　　　　　　　　（從 C3 至 C31 複製 C2）

D2;=NORMSINV(C2)　　　　　　　　　　　　　　（從 D3 至 D31 複製 D2）

　　在順位的計算上，當出現相同順位時，為了使順位能一個個挪移，譬如目前為 1 位、2 位、2 位、3 位，利用函數 RANK 計算時，為能照順序顯示 1 位、2 位、3 位、4 位，可用 COUNTIF($A$2: A2, A2) − 1 來修正。

< 步驟 3 > 製作圖形。

　　將 A 行當成橫軸，D 行當成縱軸，點選 [散佈圖]。

	A	B	C	D
1	殘差	順位	機率	縱軸
2	-5.71545	10	0.316667	-0.47704
3	-10.1789	3	0.083333	-1.38299
4	-0.64228	15	0.483333	-0.04179
5	5.644309	22	0.716667	0.572968
6	-7.90447	8	0.25	-0.67449
7	10.73577	27	0.883333	1.191816
8	-9.44106	5	0.15	-1.03643
9	-0.45935	16	0.516667	0.041789
10	-3.71545	12	0.383333	-0.29674
11	2.010163	20	0.65	0.38532

<步驟 4> 出現如下的散佈圖：

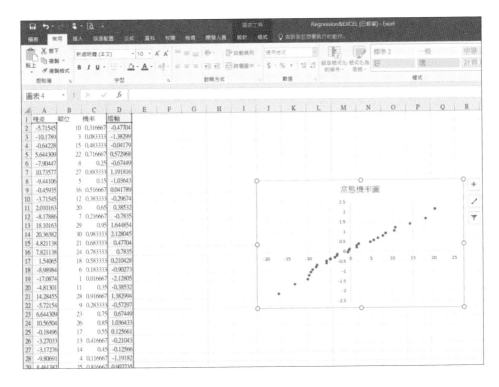

　　觀察常態機率圖上的點，可以看出幾乎成一直線時，即數據的分配可當作常態分配。本例中殘差可視爲服從常態分配。

2-1-2 迴歸式的精確度
■ 母迴歸式的信賴區間

例題 2-1 所得出的直線為：

$$y = -2.1321 + 1.0915x$$

這是依據樣本數 $n = 30$ 所求出的，如果樣本數改變時，迴歸式也會改變。因此想推估真正迴歸式（作為母迴歸式）的存在範圍，其作法稱為母迴歸式的區間估計。

今假定母迴歸式為：

$$y = b_0 + b_1x$$

此式的 95% 信賴區間即為：

$$b_0 + b_1x \pm t(n-2, 0.05)\sqrt{\frac{1}{n} + \frac{(x_0 - \bar{x})^2}{S(xx)}}$$

此處 $t(n-2, 0.05)$ 是自由度 $(n-2)$ 的 t 分配中 5% 的點，$\bar{x}$ 是說明變數 x 的平均值。另外，要注意信賴區間的寬度取決於 x 而有所不同。

■ 信賴區間的計算

計算信賴區間時，雖可利用先前例題所製作的工作表，但是如追加儲存格再計算信賴區間時，就會變得不易查看。因之將先前的工作表複製，再製作完全相同的工作表，之後將新工作表如下變更再使用：

①刪除「殘差」與「標準化殘差」的數值。
②將「殘差」改寫成「信賴上限」。
③將「標準化殘差」改寫成「信賴下限」。
④在 G 行之前插入 1 行。

殘差的算法為應變數的實際數值，再減去迴歸方程式所預測之數值。標準化殘差是殘差除以其標準差的估計值。標準化殘差（也稱為 Pearson 殘差）的平均數為 0，標準差為 1。

[儲存格內容]

C2;=TREND($B$2:$B$31,$A$2:$A$31,A2,1)　　　　（從 C3 至 C31 複製 C2）

D2;=C2+$I$7*SQRT(1/$I$5+(A2-$I$8)^2/$I$9)　　（從 D3 至 D31 複製 D2）

E2;=C2-$I$7*SQRT(1/$I$5+(A2-$I$8)^2/$I$9)*I　（從 E3 至 E31 複製 E2）

I1;=INTERCEPT(B2:B31,A2:A31)

I2;=SLOPE(B2:B31,A2:A31)

I3;=RSQ(B2:B31,A2:A31)

I4;=STEYX(B2:B31,A2:A31)

I5;=COUNT(A:A)

I7;=TINV(0.05,I5-2)

I8;=AVERAGE(A2:A31)

I9;=DEVSQ(A2:A31)

■ **各個數據的預測區間**

將說明變數 x 之值指定為 x_0 時，目的變數 y 之值可能會出現的範圍稱為預測區間。

信賴率 95% 的預測區間即為：

$$(b_0 + b_1 x_6) \pm t(n-2, 0.05) \sqrt{\left\{(1+\frac{1}{n}+\frac{(x_0-\bar{x})^2}{S(xx)}\right\} Ve}$$

■ 預測區間的計算

	Regression&EXCEL [已修復] - Excel											

L9

	A	B	C	D	E	F	G	H	I	J	K	L	M
1	硬化劑的量	硬度	預測值	信賴上限	信賴下限	預測上限	預測下限	b0	-2.1321				
2	53	50	55.71545	60.600846	50.83005	75.695886	35.73500877	b1	1.0915				
3	69	63	73.17886	77.154298	69.20343	92.956498	53.4012257	貢獻率	0.6297				
4	85	90	90.64228	98.484125	82.80043	111.54312	69.74142988	殘差的標準差	9.4581				
5	60	69	63.35569	67.060465	59.65092	83.080704	43.63067801	樣本數n	30				
6	66	62	69.90447	73.540597	66.26835	89.616706	50.19223676						
7	59	73	62.26423	66.07792	58.45054	82.009988	42.51846757	t(n-2.0.05)	2.0484				
8	50	43	52.44106	58.041345	46.84077	72.608209	32.27390502	XBAR	63.4				
9	83	88	88.45935	95.728712	81.18999	109.15221	67.76649024	S(XX)	3575.2				
10	53	52	55.71545	60.600846	50.83005	75.695886	35.73500877						
11	56	61	58.98984	63.263103	54.71657	78.829484	39.15019039						
12	69	65	73.17886	77.154298	69.20343	92.956498	53.4012257						
13	55	76	57.89837	62.361512	53.43524	77.779782	38.016696575						
14	74	99	78.63618	83.566501	73.70586	98.627649	58.64470906						
15	69	78	73.17886	77.154298	69.20343	92.956498	53.4012257						
16	69	81	73.17886	77.154298	69.20343	92.956498	53.4012257						
17	83	90	88.45935	95.728712	81.18999	109.15221	67.76649024						

[儲存格內容]

F2;=C2+$I$7*SQRT(1+1/$I$5+(A2-$I$8)^2/$I$9)*$I$4 　　　　（從 F3 至 F31 複製 F2）

G2;=C2-$I$7*SQRT(1+1/$I$5+(A2-$I$8)^2/$I$9)*$I$4 　　　　（從 G3 至 G31 複製 G2）

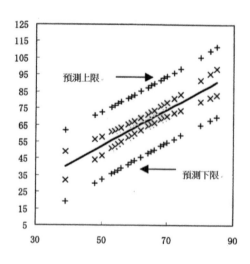

■ 迴歸的逆估計

以預測區間的一個用法來說，可應用到逆估計的問題上。所謂逆估計的問題，是為了得到所期望的 y 值，x 之值要多少才好的問題。

此時不是 x 對 y 的迴歸直線，是使用 y 對 x 的迴歸直線：

$$x = d_0 + d_1 y$$

為了實現所期望的 y 值而預測 x 之值，若此方法也貢獻率高，實際上就沒有問題。可是，理論上使用具有不同誤差方向的模式之問題仍存在。

畢竟是使用 x 對 y 的迴歸直線：

$$y = d_0 + d_1 x$$

將此式對 x 求解：

$$x = -\frac{b_0}{b_1} + \frac{1}{b_1} y$$

在式子的右邊代入所希望的 y 值 y_0，即可決定 x 之值 x_0。但此處必須注意的是，以此求出的 x_0，是使 y 的期待值成為 y_0，並不能保證將來各個值會成為 y_0。

因此考慮利用預測區間，譬如為了預測下限之值為 y_0，如決定出 x 之值時，可預測在某機率下近似地得出 y_0 以上之值。

那麼，試著以具體的數據例考察逆估計的問題，為了使 y 之值為 65 以上，試求 x 之值：

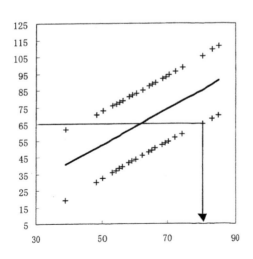

此問題使用 Excel 的「目標搜尋（Goal Seek）」功能即可求出。

首先以準備來說，輸入如下的數值：

$b_0 = -2.1321$	$b_1 = 1.0915$	$\sqrt{V_e} = 1.0915$
$n = 30$	$t(n-2, 0.05) = 2.0484$	
$\bar{x} = 63.4$	$S(xx) = 3575.2$	

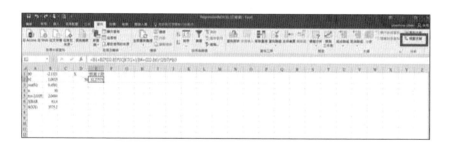

其次輸入 x 之值，即使爲任意值也無妨，此處當作 50。接著輸入求預測區間下限的數式：

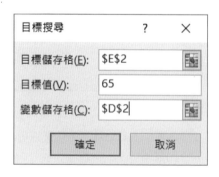

從 [資料] → [模擬分析] → [目標搜尋] 去執行時，出現如下的對話框：[目標儲存格] 指定 $E$2，[目標值] 輸入 65，[變數儲存格] 指定 $D$2，按下 [確定]，即可求出滿足目標值的 x 值爲 80.22627517。

從以上來看，如果 $x \geq 80.23$ 時，可得知 y 值即達成 $y \geq 65$。

Note

2-2 單迴歸分析的數理

2-2-1 最小平方法與常態方程式

使用調查或實際所得出的數據 (x_i, y_i) ，在兩個變數之間配適直線：

$$y = b_0 + b_1 x$$

此即為單迴歸分析的問題，想要求的是 b_0 與 b_1 的具體數據，此處試考察要如何決定 b_0 與 b_1 才合理。

很明顯直線最理想是儘可能通過各點 (x_i, y_i) ，考慮點 (x_i, y_i) 與直線 $y = b_0 + b_1 x$ 的距離，儘量使距離最小去決定 b_0 與 b_1 。

點 (x_i, y_i) 與直線 $y = b_0 + b_1 x$ 的距離，是以下式來計算：

$$y_i - (b_0 + b_1 x)$$

將此記成 e_i ， e_i 即為殘差：

$$e_i = y_i - b_0 - b_1 x$$

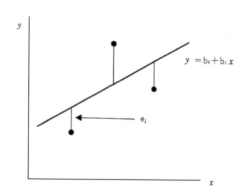

高斯（Johann Carl Friedrich Gauss）想出設法使 e_i 的平方和成為最小，以決定 b_0 與 b_1 的方法。此種方法稱為最小平方法，將 e_i 的平方和當作殘差平方和。

今將殘差平方和設為 Q，即：

$$Q = \sum_{i=1}^{n} e_i^2 = \sum_{i=1}^{n} (y_i - b_0 - b_1 x_i)^2$$

考察使 Q 成為最小之下求 b_0 與 b_1，因此針對 b_0 與 b_1 偏微分並設為 0：

$$\frac{\partial Q}{\partial b_0} = 0 \,, \, \frac{\partial Q}{\partial b_1} = 0$$

求解此兩個聯立方程式，即為決定 b_0 與 b_1，由於：

$$\frac{\partial Q}{\partial b_0} = \partial \sum_{i=1}^{n} (y_i - b_0 - b_1 x_i)(-1) = 0$$

$$\frac{\partial Q}{\partial b_1} = \partial \sum_{i=1}^{n} (y_i - b_0 - b_1 x_i)(-x_i) = 0$$

所以：

$$\sum_{i=1}^{n} (y_i - b_0 - b_1 x_i)(-1) = 0$$

$$\sum_{i=1}^{n} (y_i - b_0 - b_1 x_i)(-x_i) = 0$$

整理之後，得出：

$$b_0 \sum_{i=1}^{n} 1 + b_1 \sum_{i=1}^{n} x_i = \sum_{i=1}^{n} y_i$$

$$b_0 \sum_{i=1}^{n} x_i + b_1 \sum_{i=1}^{n} x_i^2 = \sum_{i=1}^{n} x_i y_i$$

將此聯立方程式當作常態方程式，求解此方程式得出：

$$b_1 = \frac{S(xy)}{S(xx)}$$

$$b_0 = \bar{y} - b_1 \bar{x} = \bar{y} - \frac{S(xy)}{S(xx)} \bar{x}$$

此時殘差平方和 Q，即成為如下：

$$Q = S(yy) - b_1^2 S(xx)$$

若感覺吃力的話，要加
強數學的演算能力喔！

2-2-2 利用矩陣演算求迴歸分析

[數值例]

使用以下數據，利用矩陣演算進行單迴歸分析：

x	y
29	41
48	55
28	38
32	41
26	32
21	28
23	30
26	37
29	35

設法表示成如下所示的矩陣 D：

$$D = \begin{bmatrix} 1 & 29 & 41 \\ 1 & 48 & 55 \\ 1 & 28 & 38 \\ 1 & 32 & 41 \\ 1 & 26 & 32 \\ 1 & 21 & 28 \\ 1 & 23 & 30 \\ 1 & 23 & 34 \\ 1 & 26 & 37 \\ 1 & 29 & 35 \end{bmatrix}$$

將矩陣 D 的前面兩行當作矩陣 X，最後一行當作 Y：

< 步驟 1 > 輸入矩陣 X, Y。

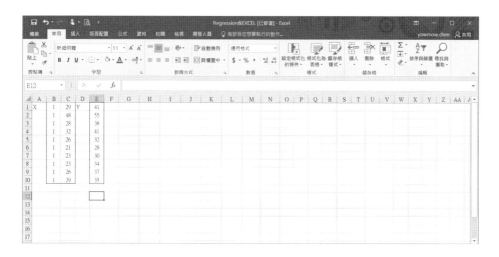

< 步驟 2 > 製作矩陣 X 的轉置矩陣 X'。

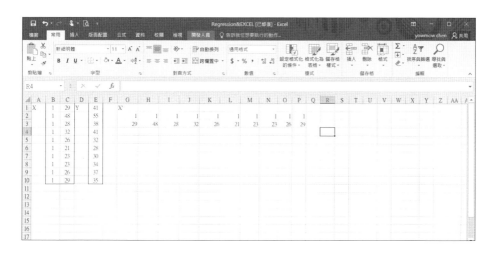

<步驟 3 > 計算 $X'X$。

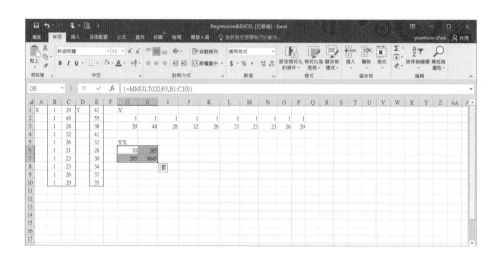

[儲存格內容]

G6;=MMULT(G2:P3,B1:C10) ←求矩陣乘積的函數從 G6 到 H7 輸入配列數式。

<步驟 4 > $X'X$ 的逆矩陣 $(X'X)^{-1}$。

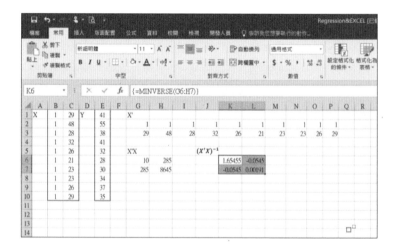

[儲存格內容]

J6;=MINVERSE(G6:H7) ←求逆矩陣的函數從 J6 到 K7 輸入配列數式。

< **步驟 5** > 計算 $(X'X)^{-1}X'$。

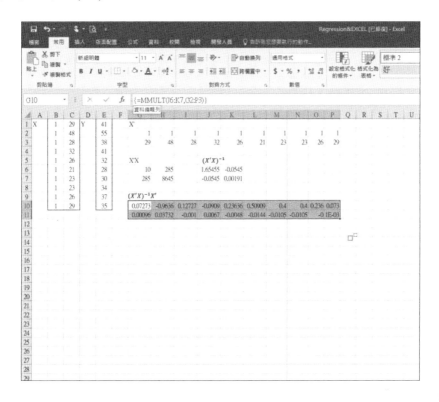

[儲存格內容]

G10; = MMULT(J6:K7, G2:P3) ←從 G10 到 P11 輸入配列數式。

常用的矩陣有轉置矩陣、反矩陣、行列式等，同時要注意矩陣的秩（rank）。

< 步驟 6 > 計算 $(X'X)^{-1}X'Y$。

[儲存格內容]

G14; = MMULT(G10:P11,E1:E10) ←從 G14 到 G15 輸入配列數式。

> 矩陣的運算常使用 MMULT、MINVERSE、MDETERM 等函數式。

2-2-3 通過原點的迴歸直線

■ 原點迴歸的問題

有時會想求出通過原點 $(x_i, y_i) = (0, 0)$ 的迴歸直線，此即設想：

$$y = b_1 x$$

此時並非使用函數 SLOPE，而是須使用函數 LINEST。使用如下的數據，解說使用函數 LINEST 求通過原點之迴歸直線的方法與注意點（問題點）。

[數值例]

x	y
1	2.75
2	2.75
3	2.75
4	3.25
5	3.25
6	3.25
7	3.05
8	3.10
9	3.60
10	3.55

■ 在原點迴歸中活用LINEST

以函數 LINEST 求通過原點的迴歸直線時，格式如下表示：

< 格式 >=LINEST（已知的 y, 已知的 x, 0 , 1）

　已知的 y → 包含目的變數 y 之值的儲存格範圍

　已知的 x → 包含說明變數 x 之值的儲存格範圍

　0 → 當作常數項 0（想求通過原點的直線）

　1（補正）→ 輸出有關迴歸分析的統計量

[儲存格內容]

D1;=LINEST(B2:B11,A2:A11,0,1)

LINEST 是以配列返回計算結果，當作配列數式輸入。具體的輸入步驟如下：

　① 於儲存格 D1 輸入 =LINEST (B2:B11, A2:A11, 0, 1)

　② 拖曳從儲存格 D1 到 E5，亦即拖曳 5 列 2 行。

　③ 注意儲存格 D1 的數式，於所輸入的函數前面（＝的前面）按一下。

　④ 同時按住 Ctrl 與 Shift，再按 Enter 鍵。

得出如下的迴歸式：

$$y = 0.4644x$$

■ 變異數分析表的製作

　想求通過原點的迴歸直線時，以全體的平方和來說，必須使用 y 的平方和。如使用平方和時，則：

$$（回歸平方和）=（y 的平方和）-（殘差平方和）$$
$$= 96.35 - 11.8265$$
$$= 83.0375$$

因此貢獻率即可如下計算：

$$（貢獻率）=（迴歸平方和）/（全體的平方和）$$
$$=（迴歸平方和）/（y 的平方和）$$
$$= 83.075/96.35$$
$$= 0.8618$$

	A	B	C	D	E	F	G	H	I
1	X	Y		0.464416	0				
2	1	2.25		0.061984	#N/A				
3	2	2.75		0.861832	1.21621				
4	3	2.75		56.13806	9				
5	4	3.25		83.03751	13.31249				
6	5	3.25							
7	6	3.25							
8	7	3.05							
9	8	3.1	要因	平方和	自由度	變異數	變異比	顯著機率	
10	9	3.6	迴歸	83.03751	1	83.03751	56.13806	3.72179E-05	
11	10	3.55	殘差	13.31249	9	1.479166			
12			合計	96.35	10				

[儲存格內容]

E1;=E12-E11

E11;=E5

E12;=SUMSQ(B2:B11)

F10;=1

F11;=E4

F12;=F10+F11

G10;=E10/F10

G11;=E11/F11

H10;=G10/G11

I10;=FDIST(H10, F10 , F11)

E14;=E10/E12

迴歸直線所關心的是斜率甚於截距,當斜率不為 0,迴歸式才有意義。

Note

第3章
複迴歸分析

本章內容

3-1 複迴歸分析的實例

3-1-1 迴歸式的計算與體會

迴歸分析（Regression Analysis）是一種統計學上分析數據的方法，目的在於了解兩個或多個變數間是否相關、相關方向與強度，並建立數學模型以便觀察特定變數，藉以預測研究者感興趣的變數。更具體來說，複迴歸分析可幫助人們了解當有多個自變數變化時，其因變數的變化量。

〔例題 3-1〕

以下數據是針對某塑膠產品 20 個的厚度 y（單位：mm），與製造工程中的 3 個製造條件（ x_1, x_2, x_3 ），將所測量的紀錄加以整理：

數據表

號碼	X1	X2	X3	Y
1	164	0.85	3.9	313
2	138	0.78	2.8	288
3	129	1.05	3.3	286
4	164	0.92	3.4	308
5	151	0.78	3.0	298
6	163	1.10	4.1	308
7	146	0.89	3.6	302
8	142	0.89	3.0	290
9	170	0.76	3.5	311
10	150	0.94	3.9	303
11	132	0.85	3.5	292
12	154	0.89	4.3	308
13	149	0.80	3.3	293
14	131	0.81	3.8	295
15	157	1.10	2.8	301
16	152	0.80	2.1	286
17	125	0.84	2.6	281
18	157	0.56	3.1	295
19	140	0.78	3.4	296
20	133	0.89	3.3	286

此處 x_1 是熱處理溫度（單位：℃）， x_2 是硬化劑的量（單位：g）， x_3 是壓縮處理時間（單位：秒）。

以 x_1, x_2, x_3 作為說明變數，試求預測 y 的式子：

$$y = b_0 + b_1 x_1 + b_2 x_2 + b_3 x_3$$

■ 複迴歸分析的應用

目的變數 y 以 k 個說明變數 $x_1, x_2..., x_k$ 的一次式表示，亦即：

$$y = b_0 + b_1 x_1 + b_2 x_2 + \cdots + b_k x_k$$

求 x_i 與 y 之間的關係式時，即為複迴歸分析。

■ 散佈圖

與單迴歸分析一樣，在複迴歸分析方面，求迴歸式之前先製作散佈圖來觀察也很重要。

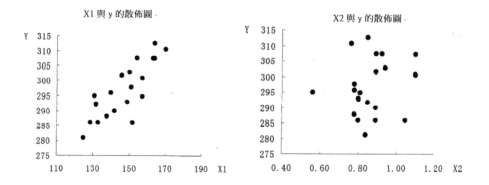

觀察散佈圖時，x_1 與 y，x_3 與 y 可認為有直線的關係，另一方面 x_2 與 y 之間則看不出明確的關係，此外也看不出有偏離值。

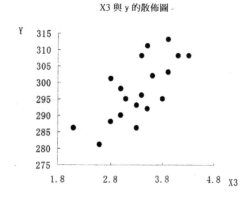

■ 相關矩陣

針對 x_1, x_2, x_3, y 這四個變數，以矩陣形式將相互的相關係數所整理成的相關矩陣，即為如下：

	X1	X2	X3	Y
X1	1	0.0039	0.2469	0.8213
X2	0.0039	1	0.2392	0.1668
X3	0.2469	0.2392	1	0.6826
Y	0.8213	0.1668	0.6826	1

如觀察 y 與各說明變數 $x_i (i = 1, 2, 3)$ 的相關係數之值時，可看出依 x_1, x_3, x_2 之順序增大。

■ 說明變數間的相關係數

在先前的相關矩陣中，除目的變數 y 之外，只在說明變數部分顯示相關矩陣時，即為如下，且將此矩陣設為 R：

	X1	X2	X3
X1	1	0.0039	0.2469
X2	0.0039	1	0.2392
X3	0.2469	0.2392	1

應用複迴歸分析時，說明變數最好是相互獨立。以相關係數來說，最好是接近 0。除去目的變數的相關矩陣 R，可用於確認說明變數間的關係是否處於良好狀態，它在複迴歸分析中發揮極為重要的任務。本例看不出說明變數的組合有強烈的相關。

說明變數之間若非獨立狀態（有相關強的狀態），即為存在多重共線性。當多重共線性存在時，迴歸式本身無法求出，即使可求出，但只要數據數增加，偏迴歸係數就會變大，或者偏迴歸係數的符號不合理，會出現如此不可解的現象。

因此，著眼於目的變數與說明變數的關係是理所當然的，也需要著眼於說明變數之間的關係。在多重共線性的診斷上，矩陣 R 發揮極為重要的任務，只觀察各個要素（相關係數）無法判斷的現象，但仍可判斷計算矩陣的逆矩陣或行列式。

■ 利用分析工具的複迴歸分析

如果進行事前的解析，像是觀察散佈圖或相關矩陣時，就可以實施複迴歸分析。以 Excel 實施複迴歸分析，雖有利用函數 LINEST 與 [資料分析] 的方法，但此處決定用 [資料分析]。

＜步驟 1 ＞ 輸入數據。

　　將說明變數 x_1 的數據，輸入從儲存格 A2 至 A21。

　　將說明變數 x_2 的數據，輸入從儲存格 B2 至 B21。

　　將說明變數 x_3 的數據，輸入從儲存格 C2 至 C21。

　　將目的變數 y 的數據，輸入從儲存格 D2 至 D21。

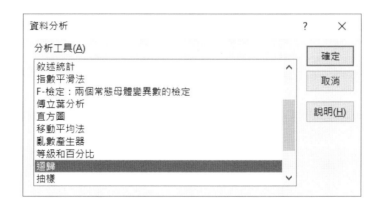

＜步驟 2 ＞ 活用分析工具。

　　選擇清單的「資料」→「資料分析」→「迴歸」。

< 步驟 3 > 指定數據。

① 〔輸入 Y 範圍〕是指定用以輸入目的變數之數據範圍。本例是指定儲存格 D1 到 D21。

② 〔輸入 X 範圍〕是指定用以輸入說明變數之表格範圍。本例是指定儲存格 A1 到 C21。

③ 輸入範圍的第一列是變數的名稱,因之勾選「標記」。

④ 勾選「殘差」與「標準化殘差」。

⑤ 勾選「殘差圖」。

（註 1）「觀察值圖形」即使作出也無法得出有效的資訊。

（註 2）「常態機率圖」與單迴歸分析所介紹的「常態機率圖」是不同的,但都是檢查目的變數 y 是否爲常態分配。

在完成以上操作後,按下「確定」,出現新的工作表,即得出迴歸分析的結果。

■ 偏迴歸係數與迴歸式

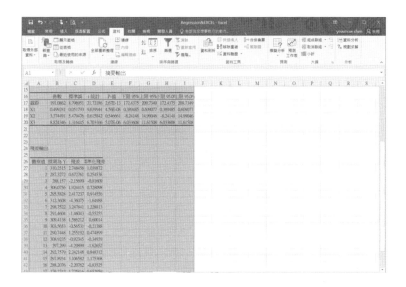

迴歸式可得出為：

$$y = 191.0862 + 0.4993x_1 + 3.3745x_2 + 8.8243x_3$$

偏迴歸係數的符號，要在數據背後中參照技術面、學理面的知識進行檢討。當偏迴歸係數的符號違反常識時，其原因之一可認為存在著多重共線性（Multicollinearity），此也稱為多元共線性。

多元共線性是指多元迴歸分析中，自變數之間有相關存在的一種現象，是一種程度的問題（degree of matters），而不是全有或全無（all or none）的狀態。多元共線性若達嚴重程度時，會對多元迴歸分析造成下列不良影響：①膨脹最小平方法（least squares）估計參數值的變異數和共變數，使得迴歸係數的估計值變得不精確。②膨脹迴歸係數估計值的相關係數。③膨脹預測值的變異數，但對預測能力不影響。④造成解釋迴歸係數及其信賴區間估計之困難。⑤造成整體模式的考驗達顯著，但各別迴歸係數之考驗不顯著的矛盾現象和解釋上之困擾。⑥造成迴歸係數的正負號與所期望者相反的衝突現象，這是由於自變項間之壓抑效果（suppress effect）造成的。

■ 迴歸式的檢定

求出的迴歸式需要判定是否有意義，為此須利用與迴歸有關的變異數分析表。

顯著 F 的數值 =P 值（顯著機率）= $4.61759*10^{-9}$

因為 P 值（顯著機率）< 0.05

故迴歸式可以說有意義。

換言之，在此檢定中的假設如下：

虛無假設 $H_0 : \beta_1 = \beta_2 = \beta_3 = 0$（迴歸式無意義）

對立假設 $H_1 :$ 至少有一個 $\beta_j \neq 0$（迴歸式有意義）

■ 貢獻率、調整貢獻率、殘差的標準差

以評估迴歸式的有效性（實際有無幫助）之統計量來說，有貢獻率（＝判定係數）十分重要，此事在單迴歸分析中也說明過，但在複迴歸分析中也是重要的統計量。貢獻率是表示在目的變數 y 的變動中，可利用迴歸式說明的變動比率，譬如貢獻率為 0.55，是指目的變數 y 的變動要因中，有 55% 是能以說明變數 x_1, x_2, x_3 來描述。貢獻率是以 R^2 的符號來表示，貢獻率 R^2 的平方根 R 即為複相關係數。

事實上在複迴歸分析中，原封不動地信任貢獻率之值去評估最好須避免。因貢獻率具有如下問題點，此即說明變數的個數愈增加，增加的變數是否有用也不得而知，卻一味的形成高值。

因此，無意義的變數當作說明變數來使用時會增加其數值，為了使其數值下降，想出了以自由度加以修正的貢獻率，此即為調整自由度貢獻率，其重要度甚於貢獻率。調整自由度貢獻率以 R^{*2} 表示時，與貢獻率 R^2 之間即有如下關係：

$$R^2 = 1 - \frac{n-1}{n-k-1}(1-R^2)$$

此處 n 是樣本數，k 是說明變數的個數。

另外，將自由度再次調整的貢獻率也須被考慮，此貢獻率是爲調整自由度二次的貢獻率（R^{**2}），此統計量也常加以使用：

$$R^{**2} = 1 - \frac{n+k+1}{n+1} * \frac{n-1}{n-k-1}(1-R^2)$$

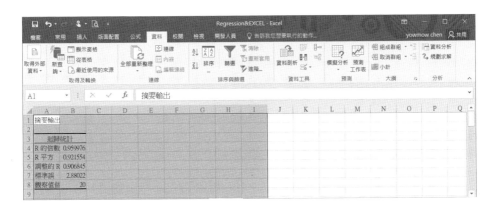

本例題中，可求出：

複相關係數 $R = 0.9600$

貢獻率 $R^2 = 0.9216$

調整自由度貢獻率 $R^{*2} = 0.9068$

殘差的標準差 $\sqrt{V_e} = 2.8802$

■ 殘差與標準化殘差

使用 [資料分析] 的計算結果，標準化殘差是以「標準殘差」表示。此絕對值如果是 3 以上，即可認爲是偏離值。

以 [資料分析] 所求出的標準化殘差，請注意是由 n 個殘差計算標準差，再以其值除殘差所求出。亦即此處所用的標準差之值，即爲：

$$標準差 = \sqrt{\frac{Se}{n-1}}$$

式子中 Se 是殘差平方和，n 是樣本數。

通常殘差的標準差並不使用此值，因之與其他統計軟體所求出的標準化殘差之值，結果並不一致。

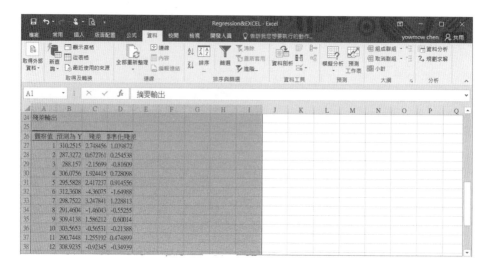

在標準殘差中看不出有 3 以上或 -3 以下者，因之可認為並無偏離值。

■ 殘差的散佈圖

殘差與各說明變數的散佈圖可如下作出，不管是看哪一個散佈圖均看不出傾向：

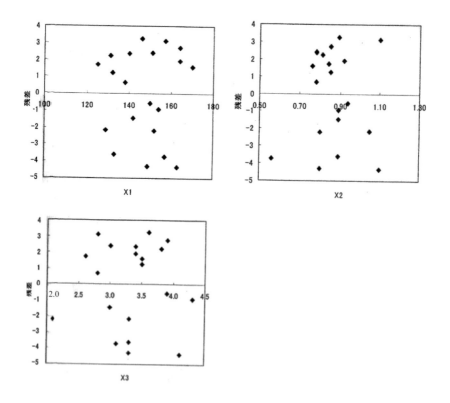

3-1-2 迴歸係數的顯著性

■ 偏迴歸係數的解釋

實施複迴歸分析的結果，假定得出如下的迴歸式，即：

$$y = 1 + 2x_1 + 10x_2$$

此時認為 x_2 比 x_1 對 y 的影響力較強是不行的，因為偏迴歸係數之值取決於 x_1, x_2 單位的取法而有所改變。假定 x_2 是 m（公尺）為單位時，如將此改成 cm（公分）為單位，偏迴歸係數的 10 即變成 0.1。當 x_1 與 x_2 的單位不同時，是無法比較的。因此各說明變數對目的變數 y 的影響大小，是不能只以偏迴歸係數之值的大小來判斷。

在例題 3-1 中，雖得出如下的迴歸式：

$$y = 191.0862 + 0.4994x_1 + 3.3745x_2 + 8.8243x_3$$

其認為對 y 的影響度大小，依序為 x_3, x_2, x_1，如此的想法是不行的。

像這樣想評估影響度時，判定偏迴歸係數的顯著性，其 t 值或 P 值即為有效的統計量。t 值的絕對值愈大的變數，可以想成對預測（說明）目的變數 y 來說，貢獻度是愈高的。

■ t 值與 p 值

本例題可以得出如下的 t 值與 p 值：

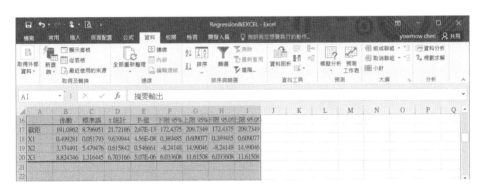

t 值的絕對值大小順序依序為 x_1, x_3, x_2，因之對 y 的影響度也依此順序而定。但此種判斷必須是 x_1, x_2, x_3 相互獨立才成立的，當相互間有強烈的相關關係時，就無法提出如此的結論，這點要注意。

p 值雖與 t 值的絕對值之順序相反，但依據 t 值的結論與依據 p 值的結論是一致的。但 p 值仍可照樣用於偏迴歸係數的檢定，此處假設如下：

虛無假設 $H_0 : \beta_j = 0$（x_i 對 y 的預測無幫助）

對立假設 $H_1 : \beta_j \neq 0$（x_i 對 y 的預測有幫助）

p 值在顯著水準 α 以下時，則否定 H_0，此判定 x_0 對 y 的預測有幫助。此處 α 值通常當作 0.05，雖在統計世界中是慣例，但在複迴歸分析中，偏迴歸係數的檢定如使用

0.05，則顯著的基準過嚴，有時會疏忽有效變數的傾向，經驗上設定在 0.2 左右是可行的。如以 t 值的絕對值來判斷時，$\sqrt{2}$ 以下即判定是不需要的變數，$\sqrt{2}$ 以上即判定是有效的變數，只以有效的變數來建立迴歸式，被視為才正確。

另外，也有利用 F 值取代 t 值的情形，F 值是 t 值的平方。因此 F 值如為 2 以上時，即判定為有效的變數。

前面所敘述 p 值的 0.2、t 值的 $\sqrt{2}$、F 值的 2 等，這些數值不過是參考指標。

本例題 x_2 的 t 值是 0.6158（P 值是 0.5467），因之可以判斷 x_2 在預測 y 是不需要的變數，最好除去此變數後，再建立迴歸式。

不需要變數與有效變數的取捨選擇，尋找最佳的迴歸式是複迴歸分析的重要課題之一。此種作業稱為「變數選擇」，關於變數選擇會在第 4 章中敘述。

■ 標準偏迴歸係數

除 t 值之外，觀察對 y 的影響度，也稱之為標準偏迴歸係數。

偏迴歸係數是依據原有變數的單位，因之考察將所有的變數標準化，再進行複迴歸分析。如此一來所有的變數即為無單位，單位不同的情形即消失，同時任一變數的平均成為 0，標準差成為 1，比較偏迴歸係數的大小即有可能。此時的偏迴歸係數即為標準偏迴歸係數，其並未輸出在利用資料分析工具所得出的複迴歸分析結果中，必須使用下式另外求出：

$$\text{標準偏迴歸係數 } b_i = \text{偏迴歸係數 } b_i * \frac{S_i}{S_y}$$

（S_i 是說明變數 x_i 的標準差，S_y 是目的變數 y 的標準差）

[儲存格內容]

I18;=B18*STDEV(Sheet1!A2:A21)/STDEV(Sheet1!D2:D21)

I19;=B19*STDEV(Sheet1!A2:A21)/STDEV(Sheet1!D2:D21)

I20;=B20*STDEV(Sheet1!A2:A21)/STDEV(Sheet1!D2:D21)

（註）工作表即為前面所輸入的數據。

　　觀察標準偏迴歸係數時，因為大小順序依序為 x_1, x_3, x_2，可以判斷對 y 的影響，也是依此順序而定的。

　　在本例題中，標準偏迴歸係數的順位與 t 值的順位一致，但經常並不一致。一般是重視 t 值，則標準偏迴歸係數只當作參考。

　　　　未標準化迴歸係數的單位，因各自變項之不同而有不同，所以無法彼此比較。而進行多元迴歸的目的，通常是要比較各自變項之間的預測力，這時就要使用標準化迴歸係數。

　　要理解多元迴歸裡自變項的重要性，必須綜合三項資訊：(1) 自變項與依變項的零階相關；(2) 標準化迴歸係數，和自變項與依變項的部分相關；以及 (3) 各自變項間的零階相關。此一綜合不僅可以避免可能的誤解，並能讓解釋更完整，甚至發現更有趣、有意義的現象。

　　一般簡單相關又稱為零階相關（Zero-order Correlation），即僅計算任何兩個變項間的兩兩簡單相關，而未排除或控制其他有關變項的影響。

3-2 包含質變數的複迴歸分析

3-2-1 引進虛擬變數

〔例題 3-2〕

在例題 3-1 的數據中，新得知包含有不同的材料：材料有 A、B 兩種，今追加了顯示哪種材料的數據（x_4），如下表所示。

材料的資訊當作新的說明變數追加在數據表中，試進行複迴歸分析。

數據表

號碼	X1	X2	X3	X4	Y
1	164	0.85	3.9	A	313
2	138	0.78	2.8	B	288
3	129	1.05	3.3	B	286
4	164	0.92	3.4	A	308
5	151	0.78	3	A	298
6	163	1.1	4.1	A	308
7	146	0.89	3.6	A	302
8	142	0.89	3	B	290
9	170	0.76	3.5	A	311
10	150	0.94	3.9	A	303
11	132	0.85	3.5	B	292
12	154	0.89	4.3	A	308
13	149	0.8	3.3	B	293
14	131	0.81	3.8	B	295
15	157	1.1	2.8	A	301
16	152	0.8	2.1	B	286
17	125	0.84	2.6	B	281
17	157	0.56	3.1	A	295
19	140	0.78	3.4	B	296
20	133	0.89	3.3	B	286

■ 虛擬變數

　　要將此種數據放入複迴歸分析中，必須將 x_4 此類質性變數轉換成數值才行，此時所使用的變數稱爲虛擬變數。

　　虛擬變數是只取 0 或 1 之值的人工變數。譬如像性別有兩種（男、女）時，可將一方當作 0，另一方當作 1（男 = 0，女 = 1）進行數值化。

　　在此例題中，x_4 也有兩種（材料 A, B），因之如下數值化後，再進行複迴歸分析。

　　　　　　如材料 A，設 $x_4 = 0$
　　　　　　如材料 B，設 $x_4 = 1$

如此一來，先前的數據表即可改寫成如下：

號碼	X1	X2	X3	X4	Y
1	164	0.85	3.9	0	313
2	138	0.78	2.8	1	288
3	129	1.05	3.3	1	286
4	164	0.92	3.4	0	308
5	151	0.78	3	0	298
6	163	1.1	4.1	0	308
7	146	0.89	3.6	0	302
8	142	0.89	3	1	290
9	170	0.76	3.5	0	311
10	150	0.94	3.9	0	303
11	132	0.85	3.5	1	292
12	154	0.89	4.3	0	308
13	149	0.8	3.3	1	293
14	131	0.81	3.8	1	295
15	157	1.1	2.8	0	301
16	152	0.8	2.1	1	286
17	125	0.84	2.6	1	281
18	157	0.56	3.1	0	295
19	140	0.78	3.4	1	296
20	133	0.89	3.3	1	286

將此當作新數據，即可進行複迴歸分析：

■ 複迴歸分析的結果

使用 [資料] → [資料分析] 得出如下結果：

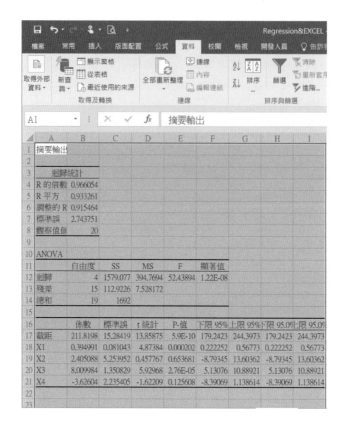

迴歸式可得出如下：

$$y = 211.8198 + 0.3950x_1 + 2.4051x_2 + 8.0100x_3 - 3.6260x_4$$
（貢獻率 0.9333）
（調整自由度貢獻率 0.9155）
（殘差的標準差 2.7438）

此迴歸式可分成如下兩個迴歸式：

$$y = 211.8198 + 0.3950x_1 + 2.4051x_2 + 8.0100x_3 （材料 A 時）$$
$$y = 211.8198 - 3.6260 + 0.3950x_1 + 2.4051x_2 + 8.0100x_3 （材料 B 時）$$

使用虛擬變數，可以將材料 A、B 兩種複迴歸式，以一個式子來表示。

3-2-2 虛擬變數的用法
■ 虛擬變數的性質
以數值例來觀察虛擬變數的性質。
[數值例 1]

x_1	x_2	y
1	A	43
2	A	49
3	A	55
4	A	54
5	A	65
1	B	17
2	B	18
3	B	27
4	B	28
5	B	33

將 x_2 當作
虛擬變數
$A = 0$
$B = 1$

x_1	x_2	x_3
1	0	43
2	0	49
3	0	55
4	0	54
5	0	65
1	1	17
2	1	18
3	1	27
4	1	28
5	1	33

以 x_2 進行分層，再製作 x_1 與 y 的散佈圖時，即為如下：

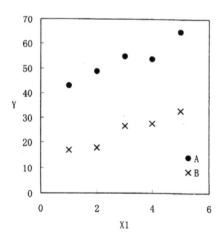

第一步，忽略進行迴歸分析時，可得出如下的迴歸式：

$$y = 25.25 + 4.55x_1$$

（貢獻率 = 0.1657，調整自由度貢獻率 = 0.0614）

第二步，包含虛擬變數進行迴歸分析時，可得出如下的迴歸式：

$$y = 39.55 + 4.55x_1 - 28.6x_2$$
（貢獻率 = 0.9840，調整自由度貢獻率 = 0.9794）

引進虛擬變數，可得知貢獻率及調整自由度貢獻率均大幅提高。x_2 的係數是 −28.6，表示 y 在 A 與 B 之間有多少的不同。

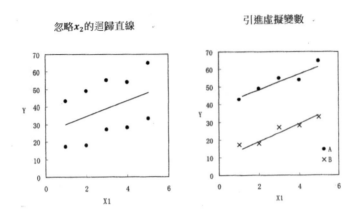

忽略 x_2 的迴歸直線　　　　　　引進虛擬變數

從包含虛擬變數的迴歸式可知，引進虛擬變數後其與 y 之間的關係，是以在 A 與 B 間並未改變（形成平行）作爲前提。

[數值例 2]

x_1	x_2	y		x_1	x_2	y
1	A	48		1	0	48
2	A	49		2	0	49
3	A	55		3	0	55
4	A	54		4	0	54
5	A	65		5	0	65
3	B	17		6	1	17
4	B	18		7	1	18
5	B	27		8	1	27
6	B	28		9	1	28
7	B	33		10	1	33

將 x_2 當作虛擬變數
$A = 0$
$B = 1$

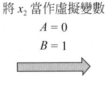

以 x_2 進行分層製作 x_1 與 y 的散佈圖時，得出如下：

與數值例 1 同樣，A 與 B 形成平行。

第一步，忽略 x_2 進行迴歸分析時，得出如下的迴歸式：

$$y = 57.32 - 3.58x_1$$
（貢獻度 = 0.3007，調整自由度貢獻率 = 0.2132）

第二步，包含虛擬變數進行迴歸分析時，得出如下的迴歸式：

$$y = 42.05 + 4.05x_1 - 45.8x_2$$
（貢獻率 = 0.9828，調整自由度貢獻率 = 0.9779）

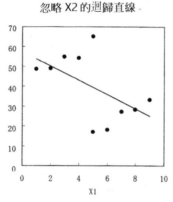

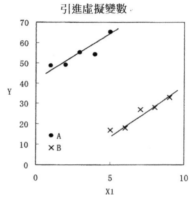

　　使用虛擬變數時，重要的是要注意並避免虛擬變數陷阱。虛擬變數陷阱是指具有高度相關的獨立變數，或者說這些變數可推敲彼此。例如我們將調查資料中的性別欄位做成男性與女性兩個虛擬變數，男性的虛擬變數用 0 代表女性、1 代表男性，女性的虛擬變數用 1 代表女性、0 代表男性。男性與女性兩個虛擬變數具有高度關聯，甚至可以僅用一個虛擬變數來表示，這就是陷入了虛擬變數的陷阱。

[數值例 3]

X1	X2	Y
1	A	40
2	A	49
3	A	55
4	A	54
5	A	65
3	B	31
4	B	23
5	B	19
6	B	20
7	B	11

將 x_2 當作虛擬變數
$A = 0$
$B = 1$

X1	X2	Y
1	A	40
2	A	49
3	A	55
4	A	54
5	A	65
3	B	31
4	B	23
5	B	19
6	B	20
7	B	11

以 x_2 進行分層，製作 x_1 與 y 的散佈圖時，得出如下：

以 x_2 層別的散佈圖

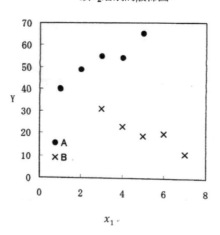

　　A 與 B 不形成平行。像此種情形，只是前面所敘述引進虛擬變數是不夠的，需要再加入新的交互作用（組合效果）項。具體上可想成是 x_1 與 x_2 之乘積，再將此包含在迴歸式中。

x_1	x_2	x_1x_2	y
1	0	0	40
2	0	0	49
3	0	0	55
4	0	0	54
5	0	0	65
3	1	3	31
4	1	4	23
5	1	5	19
6	1	6	20
7	1	7	11

將 x_1x_2 想成新的 x_3，以三個說明變數進行複迴歸分析時，得出如下的迴歸式：

$$y = 36.1 + 5.5x_1 + 6.2x_2 - 9.8x_1x_2$$
（貢獻率 = 0.9822，調整自由度貢獻率 = 0.9733）

將此迴歸式的 x_2 分成 A 與 B 的情形來表現看看：

（A 的情形）$y = 36.1 + 5.5x_1$
（B 的情形）$y = 36.1 + 6.2 + (5.5 - 9.8)x_1$

得知 x_2 的係數表示不同截距，x_1x_2 的係數表示不同斜率（x_1 的係數）。

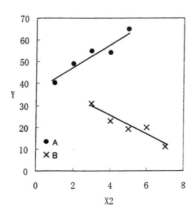

3-2-3 類別數有三個以上的虛擬變數

■ 名義尺度時的虛擬變數

在質性變數中，當類別數有三個以上時，譬如血型的類別數有四個（A, B, O, AB）時，會形成何種的虛擬變數呢？

首先，單純地將類別數為兩種的方法如下加以擴張是不行的：

A 型時，$x = 0$
B 型時，$x = 1$
O 型時，$x = 2$
AB 型時，$x = 3$

像此種時候，要使用三個虛擬變數，如下來表現：

	x_1	x_2	x_3
A 型	0	0	0
B 型	1	0	0
O 型	0	1	0
AB 型	0	0	1

首先，決定要以哪一個作為基準的血型（上例是 A 型），將它當作（0,0,0），其他的血型則是某一個變數之值當作 1，其他變數之值當作 0。

一般有 m 個類別時，使用 $m - 1$ 個虛擬變數，將質性變數使之數值化。成為基準的類別，解析者可以任意決定。不管以哪一個類別作為基準，以整體來說本質上的結論是不變的。但各個虛擬變數的 t 值與 P 值的解釋是需要注意的，以哪一個類別作為基準，這些值會改變。因此顯著性的判定，原則上必須以一組（整個類別）來考察。以上述的例子來說，是使用了三個變數表現血型，各個虛擬變數的顯著性並不視為問題，以一組血型來考察顯著性才是原則。

可是，即使解釋各個虛擬變數的 t 值（或 P 值）也並非沒有意義，掌握在哪個類別之間有差異是可行的。

[數值例 4]

x_2	x_3	y
0	0	7
0	0	8
0	0	9
1	0	11
1	0	12
1	0	13
0	1	12
0	1	13
0	1	14

以 A 為基準
引進虛擬變數
x_2, x_3

x	y
A	7
A	8
A	9
B	11
B	12
B	13
C	12
C	13
C	14

針對右表的數據實施複迴歸分析，得出如下的偏迴歸係數與 t 值及 P 值：

觀察 x_2 與 x_3 的 P 值時，任一者均比 0.05 小，虛擬變數的 x_2 與 x_3 均為顯著，此事意指 A 與 B、A 與 C 之間有顯著差。

再試著以類別 C 作為基準引進虛擬變數，進行複迴歸分析看看：

x	y
A	7
A	8
A	9
B	11
B	12
B	13
C	12
C	13
C	14

以 C 為基準引進
虛擬變數
x_1, x_2

⇒

x_1	x_2	y
1	0	7
1	0	8
1	0	9
0	1	11
0	1	12
0	1	13
0	0	12
0	0	13
0	0	14

針對右表實施複迴歸分析時，得出如下的偏迴歸係數與 t 值及 P 值：

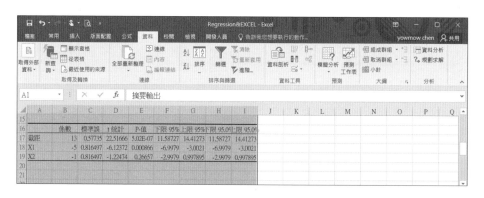

觀察 x_2 與 x_3 的 P 值時，x_1 的 P 值比 0.05 小，呈現顯著，但 x_2 的 P 值是 0.2666，並不顯著。以 C 為基準時，x_2 並不顯著，此意指 C 與 B 之間並無顯著差。

如上以何者為基準，則 t 值與 P 值就會改變，是要注意的地方，雖然作為基準的類別是由解析者任意決定的，但以決定的想法來說，最好是以固有技術的觀點來決定。譬如 A 為傳統藥，B 與 C 是新藥，那麼以 A 為基準，解析結果的解釋會變得容易些。

另一方面，沒有特別想當作基準的類別時，那麼以數據數最多的類別作為基準是可以的。t 值與 P 值會受各類別的數據數所影響，因之將數據數多的類別作為基準，偏迴歸係數的估計精確度會變好，更容易發現顯著的類別。

[數值例5]

x	y
A	8
A	9
A	10
A	8
A	10
A	8
A	10
A	8
A	10
B	9
B	10
B	11
C	10
C	11
C	12

此數據出現如下的統計量：

	A	B	C
y 的平均	9	10	11
y 的標準差	1	1	1
數據數	9	3	3

A 與 B 的平均值之差是 1，B 與 C 的平均值之差也是 1，以 A 或 C 為基準可以得出相同的結果，但 A 的數據均 C 多，因之以 A 及 C 為基準，對各個虛擬變數的 t 值與 P 值會有不同：

① 以 A 為基準時的虛擬變數：

	x_2	x_3
A	0	0
B	1	0
C	0	1

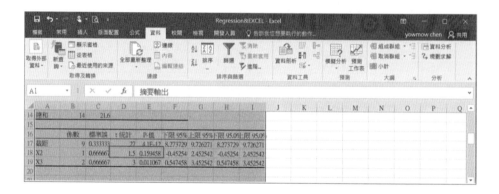

② 以 C 為基準時的虛擬變數：

	x_2	x_3
A	1	0
B	0	1
C	0	0

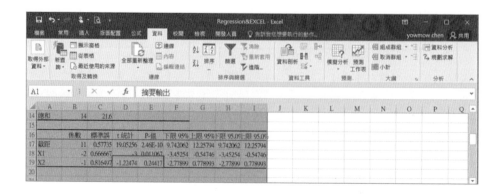

　　比較此兩種結果，儘管 A 與 B 的平均值之差、C 與 B 的平均值之差相同，但以數據數較多的 A 作爲基準，x_2 的 P 值變小。

■ 順序尺度時的虛擬變數

　　試考察類別有順序時的情形。如下方飲酒習慣與膽固醇數值 y 之關係，以迴歸分析來分析看看：

〈飲酒的習慣〉
1. 幾乎不喝
2. 一週 1~2 日
3. 一週 3~4 日
4. 幾乎每日喝

x	y
1	195
1	193
1	192
2	204
2	202
2	198
3	204
3	200
3	203
4	216
4	214
4	213

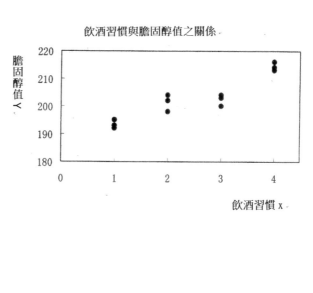

飲酒習慣與膽固醇值之關係

　　如本例所列舉的喝酒習慣，其類別有順序的意義，處理如此數據的想法有以下三種：

　　① 當作等間隔的量數據（間隔尺度）來處理。
　　② 忽略順序，當作名義尺度的數據來處理。
　　③ 尊重順序，當作順序尺度的數據來處理。

　　採①的想法時，以一般的迴歸分析來進行。採②的想法時，利用前面所敘述的虛擬變數方法，針對四類引進三個虛擬變數進行迴歸分析即可。

　　此處針對③的情形，考察要多少種虛擬變數才好。

　　依順序尺度的情形，考察如下的虛擬變數：

	x_1	x_2	x_3
1	0	0	0
2	1	0	0
3	1	1	0
4	1	1	1

因此須改寫先前的數據：

x_1	x_2	x_3	y
0	0	0	195
0	0	0	193
0	0	0	192
1	0	0	204
1	0	0	202
1	0	0	198
1	1	0	204
1	1	0	200
1	1	0	203
1	1	1	216
1	1	1	214
1	1	1	213

針對此數據實施複迴歸分析時，得出如下的分析結果：

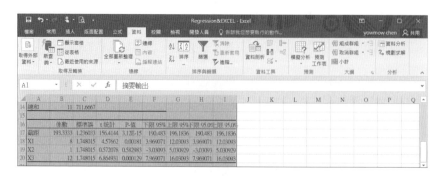

x_2 的 P 值為 0.5830，並不顯著。此意謂類別 2 與 3 之間不認為有顯著差。
另外 SAS 公司的 JMP 軟體，對於順序尺度的說明變數，是自動進行如此的處理。

Note

3-3 迴歸診斷

3-3-1 散佈圖及殘差的考察

■ 何謂迴歸診斷

迴歸分析並非是求出迴歸式、檢討貢獻率就算結束。需要檢討自己所想的迴歸式是否與數據適配。在迴歸分析中檢討模式與數據的適合性，此種作業稱為迴歸診斷。
迴歸診斷是要查明：

① 模式的妥當性
② 各個數據的影響度
　為此介紹以下方法。

■ 考察散佈圖的重要性

散佈圖的考察，與其視為迴歸診斷的方法，不如當作在進入迴歸分析之前的預備性分析來進行，因為與迴歸診斷的目的有重複之處，因之以數值例解說考察散佈圖的重要性。

此處，列舉安斯庫姆（Anscombe, F. J.）提供的數值例（Graphs in Statistical Analysis, American Statistician 27, 1973）：

Anscombe 的表格

x	y	x	y	x	y	x	y
4	4.26	4	9.1	4	5.39	8	5.25
5	5.68	5	4.74	5	5.73	8	5.56
6	7.24	6	6.13	6	6.08	8	5.76
7	4.82	7	7.26	7	6.42	8	6.58
8	6.95	8	8.14	8	6.77	8	6.89
9	8.81	9	8.77	9	7.11	8	7.04
10	8.04	10	9.14	10	7.46	8	7.71
11	8.33	11	9.26	11	7.81	8	7.91
12	10.84	12	9.13	12	8.15	8	8.47
13	7.68	13	8.74	13	12.74	8	8.84
14	9.96	14	8.1	14	8.84	19	12.5

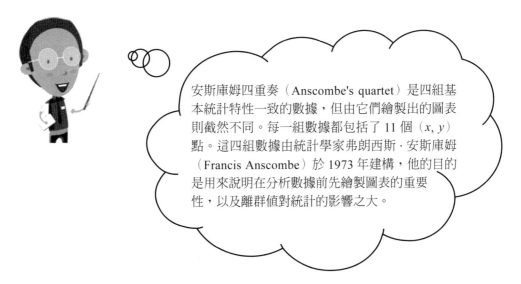

安斯庫姆四重奏（Anscombe's quartet）是四組基本統計特性一致的數據，但由它們繪製出的圖表則截然不同。每一組數據都包括了 11 個（x, y）點。這四組數據由統計學家弗朗西斯·安斯庫姆（Francis Anscombe）於 1973 年建構，他的目的是用來說明在分析數據前先繪製圖表的重要性，以及離群值對統計的影響之大。

此四組數據均可得出幾乎相同的迴歸式與貢獻率。可是如觀察散佈圖時，可以發現形狀卻有相當的不同。若只是依賴統計量，卻疏忽散佈圖的製作與斟酌是不行的，以此事例說明：

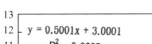

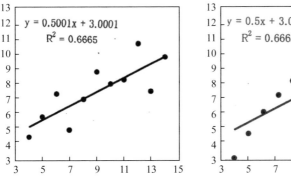

A 中 X 與 Y 的散佈圖

$y = 0.5001x + 3.0001$
$R^2 = 0.6665$

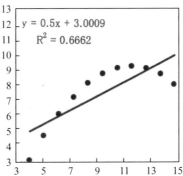

B 中 X 與 Y 的散佈圖

$y = 0.5x + 3.0009$
$R^2 = 0.6662$

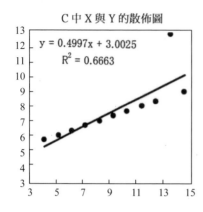

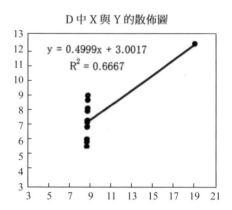

■ 殘差的考察

從殘差與說明變數的散佈圖可得知什麼？不妨去探討看看。

以下數據是由如下製作的迴歸式所建立的人工數據：

$$y = 30 - x_1 + 0.5x_2 + x_2^2 + 誤差$$

請注意式子中放入 x_2^2 的平方項。

數據

No.	x_1	x_2	y
1	16	2	10
2	5	15	246
3	12	10	129
4	14	5	46
5	0	16	287
6	3	9	100
7	2	17	320
8	15	0	5
9	9	2	23
10	7	0	32

對此數據，考察不放入 x_2^2 項的迴歸式：

$$y = b_0 + b_1x_1 + b_2x_2$$

進行複迴歸分析時，殘差與說明變數的散佈圖即為如下：

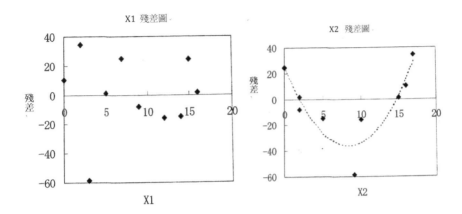

一般來說，殘差與說明變數的散佈圖看不出有任何傾向是最好的，如 x_1 與殘差的散佈圖，其看不出有任何傾向。可是 x_2 與殘差的散佈圖，可看出有二次方的傾向，這顯示迴歸式的模型中應追加 x_2^2。

3-3-2 各個數據的影響度
■ 偏迴歸係數與貢獻率的變化
　　觀察各個數據對迴歸係數造成何種影響，在確認偏離值的有無上也有很重要的意義。此處以單迴歸分析的數值例，解說影響度的調查方法。
　　首先準備兩組如下的數據：

第一組

No.		y
1	10	20
2	20	43
3	30	61
4	40	80
5	50	200
6	60	124
7	70	144
8	80	161
9	90	183
10	100	203

第二組

No.		y
1	10	10
2	10	20
3	10	30
4	20	10
5	20	20
6	20	30
7	30	10
8	30	20
9	30	30
10	90	100

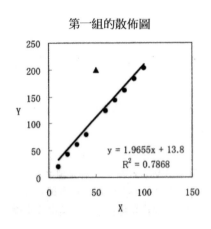

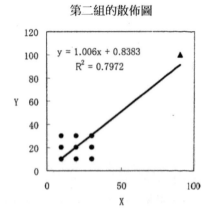

從散佈圖得知，第一組中No.5的數據是偏離值，第二組中No.10的數據是偏離值。

觀察各個數據對迴歸係數是如何影響，經常使用槓桿比的統計量。可是以 Excel 計算此槓桿比相當費事，因之求出將數據一個個除去時的迴歸係數，再觀察其變化，以如此方法來進行。此外，也同時去觀察貢獻率與殘差（殘差是不除去任一數據之下求出）。

對第一組的數據

刪除數據	迴歸係數	貢獻率	殘差
1	1.8533333	0.711453	−13.4545
2	1.9083871	0.746961	−10.1091
3	1.9222059	0.767283	−11.7636
4	1.9395833	0.780611	−12.4182
5	2.0248649	0.999531	87.92727
6	1.9706757	0.788432	−7.72727
7	1.9808333	0.785482	−7.38182
8	2.0023529	0.780632	−10.0364
9	2.0927419	0.78267	−7.69091
10	2.1266667	0.7649	−7.34545

對第二組的數據

刪除數據	迴歸係數	貢獻率	殘差
1	1.00237	0.78519	−0.8982
2	1.042654	0.810544	9.101796
3	1.082938	0.865215	19.1018
4	0.988789	0.807511	−10.9581
5	1.004484	0.795069	−0.95808
6	1.020179	0.811506	9.041916
7	1.02	0.867	−21.018
8	1.013333	0.816396	−11.018
9	1.006667	0.797238	−1.01796
10	0.000000	1.89E-16	8.622754

觀察第一組時，在散佈圖上可看出是偏離值的 No.5 之殘差甚大。除去此數據時的貢獻率，比除去其他數據時的貢獻率大得很多。

其迴歸係數任一情形均在 2 左右，不太有改變。因此 No.5 的數據對貢獻率有甚大影響，但對迴歸係數來說則影響不大。

　　觀察第二組時，除去在散佈圖上看得出偏離值的 No.10 之數據，其得出的貢獻率，比除去其他數據後的貢獻率變得很小，迴歸係數也有甚大的改變。因此 No.10 的數據對迴歸係數與貢獻率均有甚大影響，可是殘差卻未變大。

■ 利用Excel的解法

　　要求出將數據一個個除去時的迴歸係數，如使用統計函數就會很方便。使用先前第一組的數據解說此方法：

< 步驟 1 > 輸入與複製數據。

① 將說明變數的數據從 B2 到 B11 予以輸入，目的變數 y 的數據則從 C2 到 C11 予以輸入。

② 從 B12 複製此數據，製作一組完全相同的數據組。

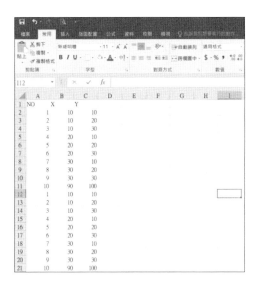

< 步驟 2 > 輸入統計函數。

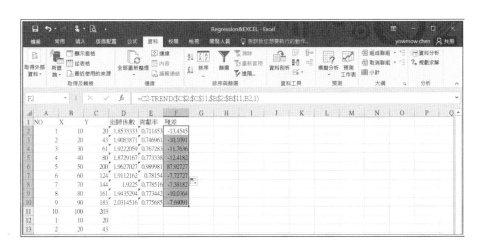

[儲存格內容]

D2;=INDEX(LINEST(C3:C11,B3:B11,1,1),1,1)
　（從 D3 到 D11 複製 D2）
E2;=INDEX(LINEST(C3:C11,B3:B11,1,1),1,1)
　（從 E3 到 E11 複製 E2）
F2;=C2-TREND($C$2:$C$11,$B$2:$B$11,B2,1)
　（從 F3 到 F11 複製 F2）

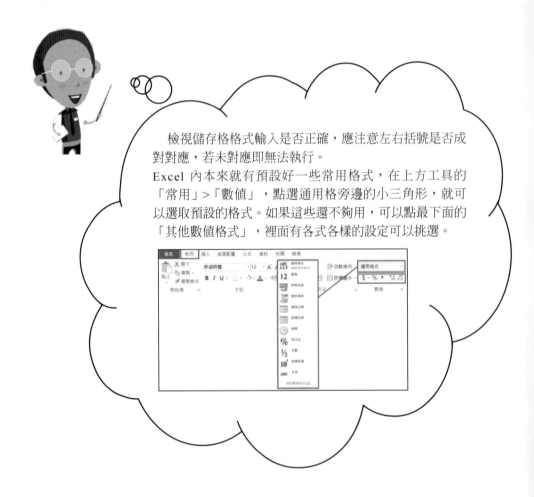

　　檢視儲存格格式輸入是否正確，應注意左右括號是否成對對應，若未對應即無法執行。

Excel 內本來就有預設好一些常用格式，在上方工具的「常用」>「數值」，點選通用格旁邊的小三角形，就可以選取預設的格式。如果這些還不夠用，可以點最下面的「其他數值格式」，裡面有各式各樣的設定可以挑選。

第4章
多元共線性與變數選擇

本章內容

4-1 多元共線性

4-1-1 多元共線性的問題

■ 多元共線性是什麼

多元共線性是指多元迴歸分析中，自變項之間有相關存在的一種現象，是一種程度的問題（degree of matters），而不是全有或全無（all or none）的狀態。

利用以下的數值例來說明多元共線性的問題。

[數值例1]

x_1	x_2	y
21	13	25
38	30	39
23	15	24
21	13	27
31	21	29
36	27	33
20	12	21
20	13	25
34	24	36
34	28	38

將以上數據應用在複迴歸分析之前，先看一下 x_1 與 y，x_2 與 y 之關係。

要看兩組數據之間的關係，可先觀察散佈圖。

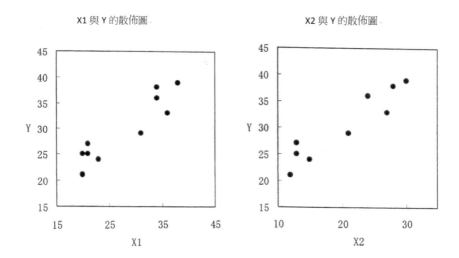

從散佈圖得知 x_1 與 y 之間有正相關，x_2 與 y 之間也有正相關。

另外分別進行 x_1 與 y 的單迴歸分析，以及 x_2 與 y 的單迴歸分析時，得出如下的迴歸式：

$$y = 7.6889 + 0.7918x_1（貢獻率：0.8486）$$
$$y = 13.2485 + 0.8394x_2（貢獻率：0.8973）$$

接著使用 x_1 與 x_2 進行複迴歸分析，得出如下的分析結果：

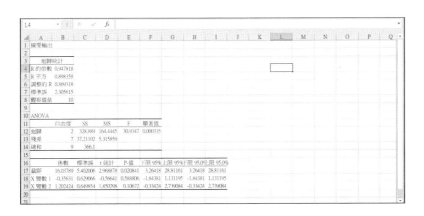

得出如下迴歸式：

$$y = 16.0379 - 0.3563x_1 + 1.2024x_2（貢獻率：0.8984）$$

在散佈圖與單迴歸分析的結果中，雖然 x_1 與 y 的關係爲正的關係，但觀察偏迴歸係數時，x_1 的係數卻爲負，得出不可解的結果。

發生此種的符號逆轉，原因在於 x_1 與 x_2 的相關強。如求 x_1 與 x_2 的相關係數時，即為 0.9864，在複迴歸分析中，如同時使用此種具有強烈相關關係的說明變數時，解析結果即為不可解。像這樣，說明變數之間具有強烈相關關係的狀態，稱為「多元共線性」。

一般來說，說明變數之間具有如下的關係，即可說有多元共線性：
①某兩個說明變數之間的相關係數是 1 或 –1。
②某兩個說明變數之間的相關係數是接近 1 或 –1。
③有三個以上說明變數之間的關係可用一次式來表示：

$$c_1x_1 + c_2x_2 + c_3x_3 + \cdots + c_px_p = 定數（一定）$$

④有三個以上說明變數之間的關係能以一次式的近似式來表示：

$$c_1x_1 + c_2x_2 + c_3x_3 + \cdots + c_px_p \fallingdotseq 定數（一定）$$

在上述①或③的狀態下，將數據應用到複迴歸分析時，會發生求不出「偏迴歸係數」的現象。

在上述②或④的狀態下，將數據應用到複迴歸分析時，會發生如下之不可解的現象：
 a. 偏迴歸係數的符號與單相關係數的符號不一致。
 b. 偏迴歸係數之值變動甚大。
 c. 貢獻率雖高，各個偏迴歸係數在統計上不顯著。

■ 多元共線性的處置
要解決多元共線性的問題，可考慮採取如下處置：
①將相互有關係的說明變數之一部分除去。
②將相互有關係的說明變數統合成一個。

將①的想法套用到先前的數值例時，不使用 x_1 與 x_2 兩者建立迴歸式，只使用其中一者來建立迴歸式。在此數值例中，不管使用何者，其貢獻率平均無甚大差異。一般來說，像此種情形要使用哪一個變數，不光是統計上的判斷，仍要考察數據背後有關固有技術的資訊，以及哪一個變數容易測量的資訊，再判斷為宜。另外如進行後述的變數選擇時，此種相關強的變數之間很少會被選擇，因之某種程度可以避免多元共線性。②的想法是利用主成分分析的方法，將匯總的主成分當作新的變數再建立迴歸式。

■ 多元共線性的診斷
要判斷是否發生多元共線性，以說明變數間的相關係數作為元素之相關矩陣是有幫助的。

【相關矩陣的行列式】
相關矩陣的行列式接近 0 時，即判斷處於多元共線性的狀態。以指標來說，行列式之值比 $(0.1)^{k-1}$（k 為說明變數的個數）小，即有多元共線性之虞。

【允差】

　　為了觀察說明變數 x_j 與其他說明變數的關係，將 x_j 當作目的變數，其他說明變數當作說明變數，進行迴歸分析時，考察此時的貢獻率 R_j^2。當 R_j^2 接近 1，說明變數間成立著線性關係，因之此貢獻率是否接近 1，即成為多元共線性的指標。實際上並非觀察 R_j^2 接近 1，而是觀察 $1-R_j^2$ 是否接近 0。此 $1-R_j^2$ 稱為允差（tolerence），其可從相關矩陣的逆矩陣求出。

【VIF】

　　允差的倒數稱為變異數膨脹因素，簡稱為 VIF（Variance Inflation Factor）。當有多元共線性時，VIF 值會變大，若為 5 以上時則需注意。VIF 也是從相關矩陣的逆矩陣求出。

■ 利用Excel的計算

　　假定得出如下的相關矩陣：

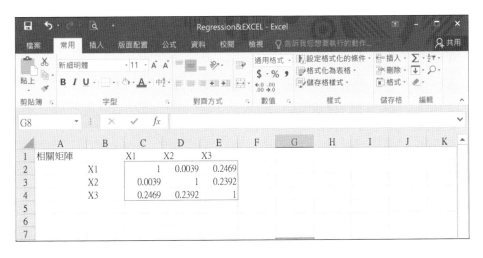

　　使用 Excel 計算相關矩陣的行列式、允差、VIF。

多元迴歸的「共線性」選項，除了列出「允差」以外，還可列出「VIF」。允差和 VIF 都是檢定「共線性」的指標，且是一體兩面，後者為前者的倒數。

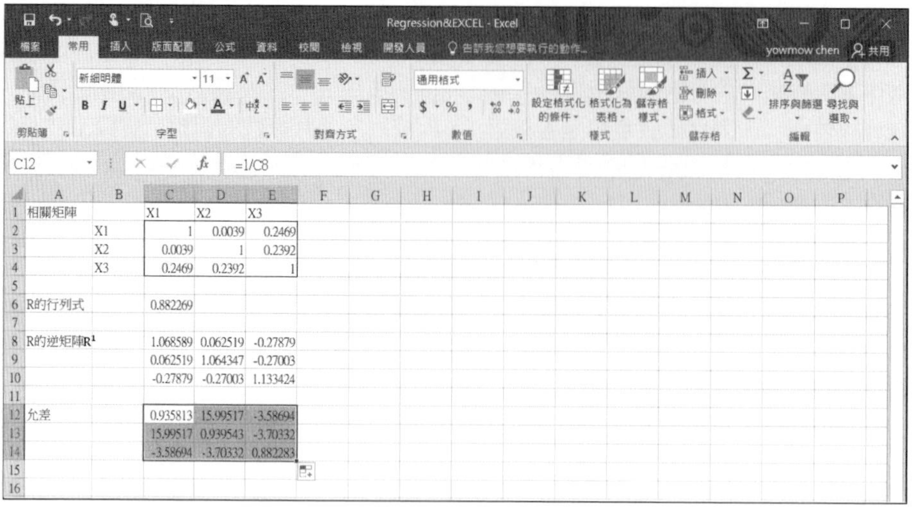

[儲存格內容]

C6;=MDETERM(C2:E4)

C8;=MINVERSE(C2:E4)（以配列數式輸入從 C8 到 E10）

C12;=1/C8（從 C12 到 E14 複製 C12）

相關矩陣的逆矩陣其對角元素即為 VIF。

整理計算結果時，即為如下：

相關矩陣 R 的行列式 $|R| = 0.8823$

	VIF	允差
x_1	1.0686	0.9358
x_2	1.0644	0.9395
x_3	1.1344	0.8823

4-1-2 在Excel中的多元共線性

■ 對多元共線性的解析結果

針對有多元共線性的數值例，試著使用 Excel 進行複迴歸分析。此處使用迴歸分析的函數 LINEST：

[數值例 2]

x_1	x_2	y
11	33	30
7	21	32
14	42	30
16	48	33
18	54	30
20	60	35
22	66	35
24	72	37
26	78	37

因 $x_2 = 3x_1$ 的關係，故 x_1 與 x_2 的相關係數是 1。針對此數據利用 LINEST 求解時，得出 #N/A 即求不出解。

（註）N/A 為 Not Applicable（不適用）之簡稱。#N/A 這個錯誤通常表示找不到要求查找的內容。

[數值例 3]

x_1	x_2	y
11	3.66667	30
7	2.33333	32
14	4.66667	30
16	5.33333	33
18	6.00000	30
20	6.66667	35
22	7.33333	35
24	8.00000	37
26	8.66667	37

　　因 $x_2 = x_1 \div 3$ 的關係，故 x_1 與 x_2 的相關係數為 1。針對此數據如利用 LINEST 求解，則出現 #####，代表顯示求不出解。Excel 在欄寬不足而無法顯示所有儲存格的內容時，可能會在儲存格中顯示 #####。

（註）首先將 x_1 的數據從 A2 輸入到 A10，其次於 B2 輸入 A2/3，再從 B3 到 B10 複製 B2。

[數值例 4]

x_1	x_2	x_3	y
10	20	70	30
12	25	63	32
14	10	76	30
16	30	54	33
18	45	37	30
20	50	30	35
22	15	63	35
24	10	66	37
26	20	54	37
28	30	42	39

如有 k 個自變數 x_i（$i = 1, 2, .., k$）滿足以下條件 $\lambda_1 x_1 + \lambda_2 x_2 + \cdots + \lambda_k x_k + \varepsilon = 0$，則他們有共線性關係。

簡單來說，就是某一個變數可近似地有另一個變數線性表達時，則存在完全共線性，如 $a_1 = 1.5 * a_2$。

什麼時候會出現這樣的問題呢？當納入的自變數是嬰兒的頭圍和體重時，兩個變數的相關可能是 1 或 −1 的時候。當然變數存在誤差，所以如上面的等式中，當誤差無限趨於 0 時，其共線性愈嚴重。

4-2 說明變數的選擇

4-2-1 變數選擇的方法

■ 重要變數與不需要變數

為了預測目的變數而考慮應用複迴歸分析時，假定用來作為說明變數有 3 個變數 (x_1, x_2, x_3)，此時即使不全部使用，譬如檢討報告以 x_1 與 x_2 兩個說明變數預測 y，則 x_3 是否不需要？此即為變數選擇的問題。

當迴歸式包含不需要的變數，或是未包含有效的變數，不管哪一種情形，預測精度均不好。因此如何篩選有效與不需要的變數，探索最適切的迴歸式，其皆為應用複迴歸分析的重要課題。

■ 好的迴歸式

顯示迴歸式其有效性指標有貢獻率，可是並非貢獻率愈高就是好的迴歸式。它的理由是，使用三個說明變數 (x_1, x_2, x_3) 的迴歸式之貢獻率，比使用其中兩個說明變數 (x_1, x_2) 的迴歸式之貢獻率高，儘管 x_3 本質上與目的變數無關，也會有變大的性質。如想使貢獻率高，不管是哪一變數均行，只要增加說明變數的個數即可。如增加沒有幫助的變數個數，即使迴歸式的貢獻率外表變高，預測精度卻變差，迴歸係數變得不安定（改變數據再進行複迴歸分析時，偏迴歸係數之值會變大）。

因此，尋找貢獻率高的迴歸式想法是不行的。若採不利用貢獻率，而是利用調整自由度的貢獻率，其性質是如使用無用的變數作為說明變數時，自由度調整後的貢獻率其值會變低。因之，尋找調整自由度後貢獻率會變大的迴歸式是可行的。另外，將已調整一次自由度的迴歸式進行二次調整自由度後，其貢獻率會變大，也有將此迴歸式當作好的想法。

有效的變數儘可能不疏忽時，採用不需要變數的風險增加，另一方面，儘可能不採用不需要的變數，忽略有效變數的危險性會增加。調整二次自由度的貢獻率，比調整一次自由度的貢獻率，在觀察不需要變數的基準上顯得更為嚴格。

■ 說明變數的選擇方法

在複迴歸分析中，以說明變數的選擇方法來說，提出如下：

① 全試法

② 逐步變數選擇法

所謂①全試法是就所有說明變數的組合建立迴歸式，再檢討哪一個迴歸式是最好的一種方法。說明變數的個數設為 k，要求 $2^k - 1$ 個迴歸式進行檢討，此在理論上是好方法。但當說明變數的個數增多時，計算量會變得很龐大，要檢討的迴歸式就會變多。譬如說明變數的個數是 4 時，迴歸式要計算 15 種；若為 5 時，就變成 31 種，因此實務上說明變數的個數以 4 到 5 為限。

②逐步變數選擇法是基於各偏迴歸係數的顯著性，區分成有效的變數與不需要的變數。

此方法有變數增加法、變數減少法、變數增減法、變數減增法等四種。變數增加法

與變數減少法分別具有缺點，修正其缺點的是變數增減法與變數減增法。

變數增減法是最初選擇一個與目的變數關係最強的說明變數，其次與該變數組合時再選出貢獻率最高的變數，依此重複執行。在此過程中，一度選入的變數中出現不需要的變數時，該變數就會被除去的一種方法。

變數減增法是最初使用所有的說明變數建立迴歸式，其次將與目的變數關係最弱的說明變數除去，依此重複進行。在此過程中，一度被除去的變數中出現有效的變數時，該變數會再度被選入的一種方法。

以上任一方法均有其優點與缺點，解析者基於統計學變數選擇的基準，加上技術上、學理上的知識，來進行變數選擇。

■ 變數選擇的統計基準

說明變數對目的變數 y 的預測是否有幫助，要利用稱之為 F 值的統計量。F 值如下求出：

$$F \text{值} = \{(\text{偏迴歸係數}) / (\text{偏迴歸係數的標準誤差})\}^2$$
$$= (t \text{值})^2$$

針對 F 值去判定顯著性，如果顯著即判定有效變數，如不顯著即判定為不需要的變數。判定是否顯著，雖然經常使用 P 值，即當 P 值 < 0.05，變數被選入，當 P 值 > 0.1，變數被移除，但實務上並非一個個進行檢定，而是 F 值如果在 C 以上即為有效變數，C 未滿即為不需要變數，以此進行變數的選擇。此基準畢竟是指標，如果能減少忽略有效變數的風險性，可將 C 當作 1 進行變數選擇。相反地，如能減少選擇不需要變數的風險性時，可將 C 當作 4。

■ Excel與變數選擇

Excel 並無實施變數選擇的功能，因此以下以統計分析專用軟體 SPSS 來說明逐步迴歸分析法。

【數據類型】

數據是由四個說明變數 x_1，x_2，x_3，x_4 與一個目的變數 y 所組成：

X1	X2	X3	X4	Y
35	45	37	89	128
35	45	32	89	134
37	52	32	84	112
24	40	22	83	86
35	43	34	85	104
39	46	39	94	133
31	42	34	98	129

X1	X2	X3	X4	Y
28	44	26	90	113
34	40	29	91	109
24	32	27	91	81
17	30	25	94	73
33	45	28	99	121
31	42	29	86	112
29	39	25	84	85
31	41	26	88	108
32	40	28	91	92
22	36	22	86	82
27	39	30	86	103
25	37	24	98	100
23	31	29	89	76

【統計處理的步驟】

<步驟 1> 從 [分析 (A)] 清單中的 [迴歸 (R)] 選擇 [線性 (L)]。

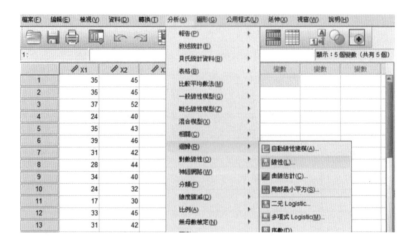

< **步驟 2** > 在 [應變數 (D)] 方框中輸入想預測的 Y，在 [自變數 (I)] 方框中全部輸入
　　　　　為自變數的備選變數 X1、X2、X3、X4。

< **步驟 3** > 從以下 [方法 (M)] 的對話框中選擇 [逐步]。

（註）若某變數一定要列入迴歸式中時，此變數可採強迫進入法，其它變數可採逐步法。

< 步驟 4 > 按一下 [統計資料 (S)]，點選估計值、模型配適度、R 平方變更量、共線性診斷，按繼續。

< 步驟 5 > 按一下 [(O)]，點選使用 F 機率值 (O)，輸入使用 0.05，移除使用 0.1，

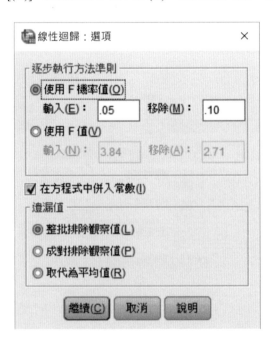

也可使用 F 值，輸入預設爲 3.84，移除的預設爲 2.71。可視情況輸入預設爲 4，移除可設爲 1。

< 步驟 6 > 回到原畫面後，按一下 [儲存 (S)]，勾選未標準化、共變數比例、槓桿值，按繼續再按確定。

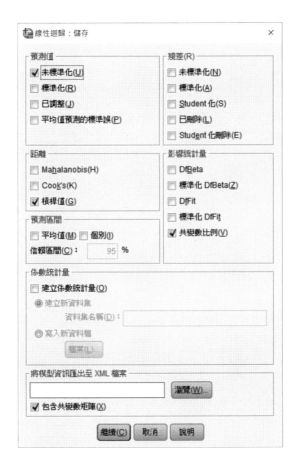

得出如下輸出：

【**SPSS 輸出 · 1**】--- 逐步迴歸分析 ---

選入/刪除的變數[a]

模型	已輸入的變數	已移除的變數	方法
1	X1	.	逐步（準則：F-to-enter 的機率 <= .050，F-to-remove 的機率 >= .100）。
2	X4	.	逐步（準則：F-to-enter 的機率 <= .050，F-to-remove 的機率 >= .100）。
3	X2	.	逐步（準則：F-to-enter 的機率 <= .050，F-to-remove 的機率 >= .100）。
4	.	X1	逐步（準則：F-to-enter 的機率 <= .050，F-to-remove 的機率 >= .100）。
5	X3	.	逐步（準則：F-to-enter 的機率 <= .050，F-to-remove 的機率 >= .100）。

a. 應變數: Y

【輸出結果的判讀方法‧1】

　　採取強迫進入法時，模式只有一個，但採取逐步迴歸法時，模式有五個，逐步迴歸法是只將統計上顯著的變數當作自變數投入到迴歸式中，譬如模式 1 是將 X1 變數先引進到模式中，模式 2 是將 X4 繼之引進到模式中，模式 3 是將 X2 再引進到模式中，模式 4 是將 X1 從模式中去除，模式 5 是將 X3 引進模式中。

　　逐步迴歸是採取逐步選取法，這是結合「向前」與「向後」選取法而成。開始時以向前選取法選入一個變數，而後每當選入一個新預測變數後，就利用向後選取法，檢視在模式中已存在的預測變數其偏 F 值有無小於 F_{out} 的變數。若小於 F_{out} 時，則最小的偏 F 值的說明變數就被排除在模式之外，接著再進行向前選取；若無小於 F_{out} 時，則繼續向前選取，如其偏 F 值中為最大且其值大於 F_{in} 時即被選入。像這樣向前與向後選取法輪流使用，直到沒有說明變數可以再引進來，也沒有說明變數會被移除，以此種方式所得的迴歸式稱為逐步迴歸（Stepwise Regression）。

【SPSS 輸出‧2】

模型摘要[f]

模型	R	R 平方	調整後 R 平方	標準標準誤	R 平方變更	F 值變更	自由度 1	自由度 2	顯著性 F 值變更
1	.814[a]	.663	.645	11.510	.663	35.475	1	18	.000
2	.866[b]	.750	.720	10.216	.086	5.848	1	17	.027
3	.905[c]	.819	.785	8.948	.070	6.163	1	16	.025
4	.888[d]	.788	.763	9.399	-.031	2.759	1	16	.116
5	.922[e]	.850	.822	8.138	.062	6.678	1	16	.020

 ←①

a. 解釋變數：（常數）、X1
b. 解釋變數：（常數）、X1, X4
c. 解釋變數：（常數）、X1, X4, X2
d. 解釋變數：（常數）、X4, X2
e. 解釋變數：（常數）、X4, X2, X3
f. 應變數：Y

變異數分析^a

模型		平方和	自由度	均方	F	顯著性
1	迴歸	4700.110	1	4700.110	35.475	.000^b
	殘差	2384.840	18	132.491		
	總計	7084.950	19			
2	迴歸	5310.551	2	2655.275	25.439	.000^c
	殘差	1774.399	17	104.376		
	總計	7084.950	19			
3	迴歸	5803.984	3	1934.661	24.165	.000^d
	殘差	1280.966	16	80.060		
	總計	7084.950	19			
4	迴歸	5583.134	2	2791.567	31.600	.000^e
	殘差	1501.816	17	88.342		
	總計	7084.950	19			
5	迴歸	6025.367	3	2008.456	30.328	.000^f
	殘差	1059.583	16	66.224		
	總計	7084.950	19			

← ②

a. 應變數: Y

b. 解釋變數：（常數），X1

c. 解釋變數：（常數），X1, X4

d. 解釋變數：（常數），X1, X4, X2

e. 解釋變數：（常數），X4, X2

f. 解釋變數：（常數），X4, X2, X3

【輸出結果的判讀方法・2】

① 從模式摘要中，可知模式 5 調整後的 R 平方高達 0.822，知此模式 5 是可以選擇用來作為預測的模式。

② 複迴歸的變異數分析表。

檢定以下的假設：

假設所求的迴歸式對預測無幫助。

由於模式 5 的顯著機率是 0.000 比顯著水準 0.05 小，故捨棄假設。因之所求的迴歸式對預測有幫助。

【SPSS 輸出 · 3】

係數^a

模型		非標準化係數		標準化係數	T	顯著性	相關			共線性統計量	
		B	標準錯誤	β			零階	部分	部分	允差	VIF
1	(常數)	22.995	13.850		1.660	.114					
	X1	2.738	.460	.814	5.956	.000	.814	.814	.814	1.000	1.000
2	(常數)	-82.668	45.388		-1.821	.086					
	X1	2.751	.408	.818	6.742	.000	.814	.853	.818	1.000	1.000
	X4	1.173	.485	.294	2.418	.027	.283	.506	.294	1.000	1.000
3	(常數)	-133.692	44.750		-2.988	.009					
	X1	1.197	.721	.356	1.661	.116	.814	.383	.177	.246	4.068
	X4	1.393	.434	.349	3.210	.005	.283	.626	.341	.958	1.044
	X2	1.911	.770	.536	2.483	.025	.804	.527	.264	.243	4.121
4	(常數)	-154.207	45.182		-3.413	.003					
	X4	1.516	.449	.379	3.375	.004	.283	.633	.377	.987	1.013
	X2	3.021	.401	.847	7.536	.000	.804	.877	.841	.987	1.013
5	(常數)	-143.381	39.343		-3.644	.002					
	X4	1.264	.401	.316	3.153	.006	.283	.619	.305	.929	1.077
	X2	2.405	.421	.674	5.712	.000	.804	.819	.552	.671	1.491
	X3	1.270	.491	.306	2.584	.020	.715	.543	.250	.666	1.502

a. 應變數: Y

   ↑   ↑   ↑
   ①   ②   ③

【輸出結果的判讀方法 · 3】

① 所求的迴歸式只看 B 的地方，即：

$$\hat{Y} = -143.381 + 1.264X4 + 2.405X2 + 1.270X3$$

② 如觀察標準化係數時，對 Y 有影響的變數依序是 X2、X4、X3。由偏迴歸係數的檢定可知，此三變數的顯著機率均比顯著水準 0.05 小，故三變數對 Y 均有影響。

③ 允差值愈小，表示模式中所使用的獨立變數與已排除的變數間有強烈相關。由於 X2、X4、X3 的允差值均大於 0.1，因之並無多元共線性的問題。

Note

第5章
數量化理論 I 類

本章內容

5-1 數量化理論I類的概要

■ 所謂數量化理論I類

數量化理論是處理像以名義尺度或順序尺度測量質性數據的相關手法，這是以日本統計學家林知己夫博士爲中心所發展出來的理論。有名的手法有數量化 I 類、II 類、III 類、IV 類，然而與複迴歸分析有密切關係的是數量化 I 類。

今假定實施如下的意見調查，蒐集了數據：

（Q1）你贊成以下的想法嗎？

「有時候工作比家庭更爲優先」

Y) 是　N) 否

（Q2）你較接近以下哪一個想法呢？

A) 儘管薪水穩定，卻想從事有榮譽感的工作

B) 儘管不是有榮譽感的工作，薪水高就行

C) 工作不辛苦，安定就行

（Q3）請回答您的年齡

（　　　　　　）

此意見調查結果蒐集 20 人份的資料，以數據表的形式整理如下：

數據表 (1)

No	Q1	Q2	Q3
1	Y	A	43
2	Y	A	38
3	Y	A	39
4	Y	A	40
5	Y	A	37
6	Y	C	32
7	Y	B	37
8	N	A	29
9	N	B	28
10	N	B	20

No	Q1	Q2	Q3
11	N	B	32
12	N	B	33
13	N	B	29
14	N	B	24
15	N	B	22
16	N	C	21
17	N	C	28
18	N	C	23
19	N	C	20
20	N	C	27

當得到此種數據時，想要由 Q1 與 Q2 的回答去建立 Q3 年齡之預測式，此手法即為數量化理論 I 類。

在數量化理論的世界中，像Q1、Q2 稱為項目（items），另外像Q1 之中的選項Y、N，以及 Q2 之中的選項 A、B、C，則稱為類目（categories）。

■ 變換成[0, 1]的數據

將前面的數據表 (1) 改寫成如下：

數據表 (2)

項目	Q1		Q2			Q3
No.	Y	N	A	B	C	Y
1	1	0	1	0	0	43
2	1	0	1	0	0	38
3	1	0	1	0	0	39
4	1	0	1	0	0	40
5	1	0	1	0	0	37
6	1	0	0	0	1	32
7	1	0	0	1	0	37
8	0	1	1	0	0	29
9	0	1	0	1	0	28

項目	Q1		Q2			Q3
10	0	1	0	1	0	20
11	0	1	0	1	0	32
12	0	1	0	1	0	33
13	0	1	0	1	0	29
14	0	1	0	1	0	24
15	0	1	0	1	0	22
16	0	1	0	0	1	21
17	0	1	0	0	1	28
18	0	1	0	0	1	23
19	0	1	0	0	1	20
20	0	1	0	0	1	27

在此表中，如下輸入：

Q1 中回答 Y 的人，Y 的行輸入 1，N 的行輸入 0

Q1 中回答 N 的人，N 的行輸入 1，Y 的行輸入 0

Q2 中回答 A 的人，A 的行輸入 1，B 與 C 的行輸入 0

Q2 中回答 B 的人，B 的行輸入 1，A 與 C 的行輸入 0

Q2 中回答 C 的人，C 的行輸入 1，A 與 B 的行輸入 0

像這樣使用 0,1 數據來表現，即可將質性資料數值化。

■ [0, 1]數據的複迴歸分析

建立以 Q1 與 Q2 的回答去預測 Q3 答案（即年齡）的預測式問題，是在以 [0, 1] 數據改寫成數據表 (2) 中，將 Q1 與 Q2 當成 x_1 與 x_2，Q3 當作 y，接著類目的 Y、N、A、B、C 表現成 x_{11}、x_{12}、x_{21}、x_{22}、x_{23}，如此 x_{11} 到 x_{23} 當作說明變數，年齡 y 當作目的變數，即可改成如下數據表 (3) 的複迴歸來分析問題：

數據表 (3)

項目	X1		X2			目的變數
No.	X11	X12	X21	X22	X23	Y
1	1	0	1	0	0	43
2	1	0	1	0	0	38
3	1	0	1	0	0	39

項目	X1		X2			目的變數
No.	X11	X12	X21	X22	X23	Y
4	1	0	1	0	0	40
5	1	0	1	0	0	37
6	1	0	0	0	1	32
7	1	0	0	1	0	37
8	0	1	1	0	0	29
9	0	1	0	1	0	28
10	0	1	0	1	0	20
11	0	1	0	1	0	32
12	0	1	0	1	0	33
13	0	1	0	1	0	29
14	0	1	0	1	0	24
15	0	1	0	1	0	22
16	0	1	0	0	1	21
17	0	1	0	0	1	28
18	0	1	0	0	1	23
19	0	1	0	0	1	20
20	0	1	0	0	1	27

　　此處似乎可將數據表 (3) 用於複迴歸分析，但事實上仍然行不通，因為說明變數之間成立著如下的線性關係：

$$x_{11} + x_{12} = 1$$
$$x_{21} + x_{22} + x_{23} = 1$$

　　這是因為有多重共線性，故無法求出解。因此將 x_{11} 與 x_{12} 之中的一個（此處是 x_{12}）刪除，以及將 x_{21}、x_{22}、x_{23} 之中的一個（此處是 x_{21}）刪除，則數據表 (3) 改寫如下，得出數據表 (4)：

數據表 (4)

No	X11	X22	X23	Y
1	1	0	0	43
2	1	0	0	38
3	1	0	0	39
4	1	0	0	40
5	1	0	0	37
6	1	0	1	32
7	1	1	0	37
8	0	0	0	29
9	0	1	0	28
10	0	1	0	20
11	0	1	0	32
12	0	1	0	33
13	0	1	0	29
14	0	1	0	24
15	0	1	0	22
16	0	0	1	21
17	0	0	1	28
18	0	0	1	23
19	0	0	1	20
20	0	0	1	27

對此數據即可應用於複迴歸分析。

■ 虛擬變數

在複迴歸分析中曾介紹虛擬變數。數據表 (4) 是在數據表 (1) 中，引進如下的虛擬變數再加以改寫而成者。

	x_{11}
Y	1
N	0

	x_{22}	x_{23}
A	0	0
B	1	0
C	0	1

　　事實上數量化理論 I 類的手法，可以想成是將說明變數全部改成虛擬變數的複迴歸分析。

5-1-1 Excel的數量化理論I類
■ 利用Excel的解法
　　對質性資料引進虛擬變數，利用與複迴歸分析有關的 [資料分析] 或統計函數，即可在 Excel 中執行數量化 I 類。

　　此處，敘述利用 [資料分析] 的方法，列舉的例子是先前意見調查結果的數據表。

<步驟 1 > 輸入數據。

　　將原先的質性資料（回答結果）從 A2 輸入到 B21。

　　將目的變數 y 的資料從 C2 輸入到 C21。

　　將虛擬變數的資料從 D2 輸入到 F21。

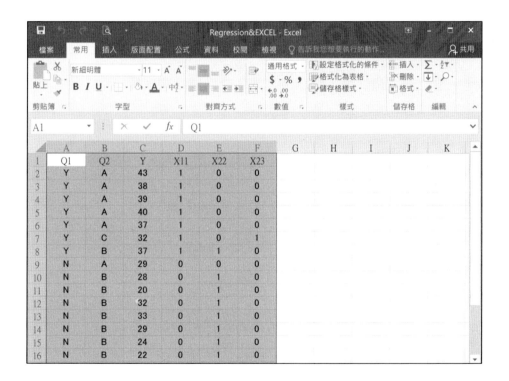

<步驟 2> 複迴歸分析的執行與結果。

從「資料分析」之中選擇「迴歸」，執行步驟與複迴歸分析的情形相同：

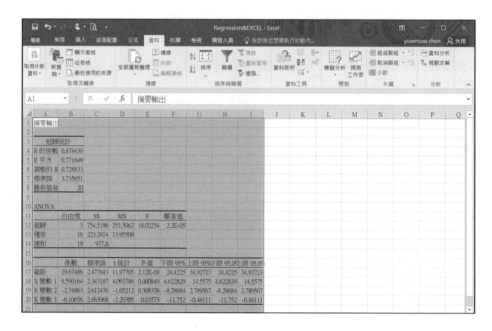

得出如下的迴歸式：

$$y = 29.6749 + 9.5902x_{11} - 2.7486x_{12} - 6.1066x_{23}$$

■ 類別分數

觀察迴歸式時：

$$y = 29.6749 + 9.5902x_{11} - 2.7486x_{12} - 6.1066x_{23}$$

x_{12} 與 x_{21} 並未包含在內。想要將所有的變數包含在內，以如下的形式表示（數學上不需要作成如此形式）：

$$y = b_0 * b_{11} * x_{11} + b_{12} * x_{12} + b_{21} * x_{21} + b_{22} * x_{22} + b_{23} * x_{23}$$

將第 i 項目之第 j 類別的觀測數當作 n_{ij}，引進虛擬變數所求出之迴歸式的偏迴歸係數當作 b_{ij}，新的偏迴歸係數 b_{ij}^*，可如下求之：

$$\alpha_i = \frac{\sum_{j=1} b_{ij} \times n_{ij}}{n}$$

$$b_{ij}^* = b_{ij} + \alpha_i$$

$$b_0^* = b_0 - \sum_i \alpha_i$$

如此一來先前的迴歸式可改寫成：

$$y = 30.1000 + 6.2336x_{11} - 3.3566x_{12} + 2.9314x_{21} + 0.1828x_{22} - 3.1751x_{23}$$

■ 全距

數量化理論 I 類，各項目對目的變數的影響度大小是以全距來評估。全距的計算是按每個項目求出偏迴歸係數的最大值與最小值之差：

x_1 的全距 $9.5902 - 0 = 9.5902 (= 6.2336 - (-3.3566))$
x_2 的全距 $0 - (-6.1066) = 6.1066 (= 2.9314 - (-3.1751))$

x_1 比 x_2 的全距值大，因之以全距評估時，可以判斷 x_1 比 x_2 對 y 的影響變大。

數量化 1 類的方法是「存在目的變量時的方法」之一，與多元迴歸分析非常相似。與多元迴歸分析不同的是，多元迴歸分析中說明變量的數據形式是定量數據，而數量化 1 類是分類數據。
數量化 1 類是調查目的變量和說明變量之間的關條，建立關係式，並使用關係式闡明以下內容的方法。
(1) 說明變量的各類別對目的變量的貢獻（影響）
(2) 說明變量的重要性排序
(3) 預測

5-2 數量化理論I類的實例

5-2-1 利用數量化理論I類的分析

〔例題 5-1〕

以下數據是某超市分析銷售額 y 所蒐集的數據，變數記號具有如下意義：

y：銷售額

x_1：星期　　　　　　1. 平日　2. 假日

x_2：廣告的有無　　　1. 無　　2. 有

x_3：氣候　　　　　　1. 雨　　2. 雲　　3. 晴

x_4：特賣品的種類　　1. 肉類　2. 魚類　3. 蔬菜　4. 飲料品

X1	X2	X3	X4	Y
2	2	3	1	104
1	1	1	1	89
1	1	1	2	83
2	2	2	3	99
1	1	2	1	91
2	2	3	3	101
1	2	2	2	94
2	1	3	1	97
2	1	1	2	86
1	2	2	2	87
1	1	3	2	93
1	1	1	4	80
2	1	3	3	100
1	1	1	4	72
2	1	3	3	88
2	2	3	1	104
2	2	2	3	101
1	1	1	4	76
1	2	2	4	92
2	1	1	4	84

■ 虛擬變數的引進

不管對哪一變數，以最初的類別為基準引進虛擬變數：

x_1	x_{12}
1. 平日	0
2. 假日	1

x_2	x_{22}
1. 廣告無	0
2. 廣告有	1

x_3	x_{32}	x_{33}
1.雨	0	0
2.雲	1	0
3.晴	0	1

x_4	x_{42}	x_{43}	x_{44}
1.肉類	0	0	0
2.魚類	1	0	0
3.蔬菜	0	1	0
4.飲料	0	0	1

■ 數據的改寫

引進虛擬變數，將先前的數據表改寫成 [0, 1] 數據表：

X1	X2	X3	X4	Y	X12	X22	X32	X33	X42	X43	X44
2	2	3	1	104	1	1	0	1	0	0	0
1	1	1	1	89	0	0	0	0	0	0	0
1	1	1	2	83	0	0	0	0	1	0	0
2	2	2	3	99	1	1	1	0	0	1	0
1	1	2	1	91	0	0	1	0	0	0	0
2	2	3	3	101	1	1	0	1	0	1	0
1	2	2	2	94	0	1	1	0	1	0	0
2	1	3	1	97	1	0	0	1	0	0	0
2	1	1	2	86	1	0	0	0	1	0	0
1	2	2	2	87	0	1	1	0	1	0	0
1	1	3	2	93	0	0	0	1	1	0	0
1	1	1	4	80	0	0	0	0	0	0	1
2	1	3	3	100	1	0	0	1	0	1	0
1	1	1	4	72	0	0	0	0	0	0	1
2	1	3	3	88	1	0	0	1	0	1	0

X1	X2	X3	X4	Y	X12	X22	X32	X33	X42	X43	X44
2	2	3	1	104	1	1	0	1	0	0	0
2	2	2	3	101	1	1	1	0	0	1	0
1	1	1	4	76	0	0	0	0	0	0	1
1	2	2	4	92	0	1	1	0	0	0	1
2	1	1	4	84	1	0	0	0	0	0	1

■ 利用Excel的解法

<步驟 1 > 輸入數據。

　　將原先的質性資料（回答結果）從 A2 輸入到 D21。

　　將目的變數 y 的資料從 E2 輸入到 E21。

　　將虛擬變數的資料從 F2 輸入到 L21。

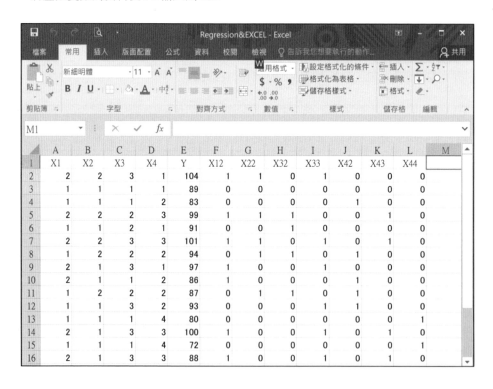

<步驟 2 > 複迴歸分析的執行與結果。

　　從「資料分析」中選出「迴歸」執行。執行步驟與複迴歸分析的情形相同：

■ 解析結果

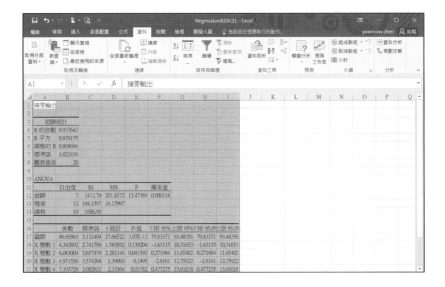

得出如下的迴歸式：

$$y = 86.6586 + 4.3247x_{12} - 6.0630x_{22} + 4.9716x_{32} + 7.1937x_{33} - 4.7797x_{42}$$
$$- 3.1440x_{43} - 8.9341x_{44}$$

（調整自由度貢獻率 0.8087）

5-2-2 結果的解釋與基礎分析

■ 解析結果的整理與解釋

數量化理論 I 類的結果，可以整理成如下一覽表：

項目	類別	偏迴歸係數	全距
x_1：星期	1. 平日 2. 假日	0 4.3427	4.3427
x_2：廣告	1. 無 2. 有	0 6.0630	6.0630
x_3：天氣	1. 雨 2. 雲 3. 晴	0 4.9716 7.1937	7.1937
x_4：特賣品	1. 肉類 2. 魚類 3. 蔬菜 4. 飲料	0 −4.7797 −3.1440 −8.9341	8.9341

從此表可以知道目的變數 y（銷售額）最高的時候是：假日、有廣告、晴天、肉類為特賣品。

　　觀察全距時，x_4 最大，對 y 的影響度也可認為最大。不光是全距，也需要觀察項目為單位的 F 值與 P 值（Excel 無法簡單求出）作為參考。

■ 數據的圖形表現

　　在複迴歸分析中散佈圖是很重要的，同樣在數量化 I 類中使用圖形表現，有助於結果的解釋，在意義上是相同的。

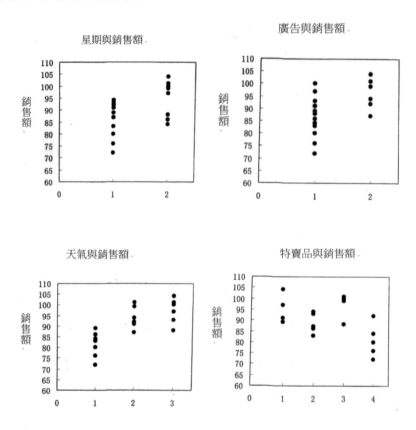

　　從此圖得到的見解與先前由數量化理論 I 類分析結果所得到的見解為一致，可是結果並非經常會一致。

　　如觀察天氣與銷售額的圖形時，類別 2 與 3 之間似乎無差異。此時將類別合併，譬如將 2 與 3 當作新的 2，再度嘗試進行分析。另外 2 與 3 之間無差異之資訊，雖從偏迴歸係數的 t 值也可明白，但本例是引進以類別 1 作為基準的虛擬變數，所以無法發現。

■ 說明變數之間的交叉累計

與複迴歸分析的情形一樣，在數量化理論 I 類中說明變數之間最好是彼此獨立。在數量化理論 I 類中，說明變數之間的關係是觀察質性變數之間的關係，因此最好製作交叉表。

首先開啓樞紐分析表，將 X1 移入列，將 X2 移入欄，將 Y 移入 Σ 值。

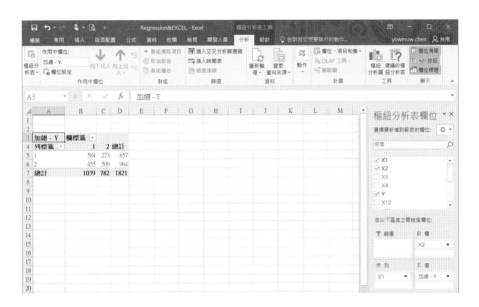

樞紐分析表欄位出現 [加總 –Y] 的數值，按一下加總 –Y 旁邊的三角形，出現下拉清單，將值的欄位設定更改成 [計數 –Y] 的數值。

接著得出計數值的交叉表：

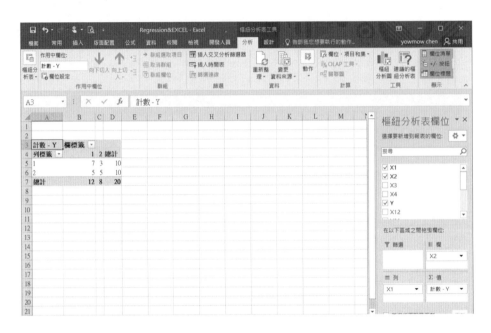

利用 Excel 製作交叉累計表，可使用樞紐分析表（Pivot table）的功能。但製作交叉累計表的數目過多時，就像重複數次相同的作業，甚為不便。

樞紐分析表是 Excel 裡一個非常好的功能，它提供了比較、顯示圖形和關聯，並進一步分析趨勢。還可以依照不同的目的來量身訂做。只要你確定了問題，Excel 的樞紐分析功能就可以輕鬆地幫你取得答案。我們需要進階的學習樞紐分析表的各項功能，才有能力安排不同的樞紐分析表來回答不同的問題。

第6章
實驗數據的迴歸分析

本章內容

6-1 一元配置實驗

6-1-1 質因子的實驗數據

〔例題 6-1〕

為了提高某商品的伸縮強度 y 進行了探索條件的實驗。此實驗以因子來說列舉硬化劑的種類。硬化劑有四種，分別當作 A1, A2, A3, A4 之四種水準的一元配置實驗。各水準重複 5 次實驗，以隨機順序進行分析 20 次的實驗。所得數據如下所示，試解析此實驗數據。

A1	A2	A3	A4
30	32	36	31
31	33	32	30
26	29	34	32
27	28	35	27
29	29	36	30

■ 變異數分析

此種一元配置實驗的數據解析，製作變異數分析表是一般的規則，變異數分析表如下所示：

要因	平方和	自由度	變異數	變異比	P 值
A（硬化劑種類）	101.35	3	33.783	81.8322	0.0011
E（誤差）	61.20	16	3.825		
合計	162.55	19			

利用此變異數分析表，可以判定伸縮強度 y 是否依硬化劑的種類而有差異。此情形是 p 值 <0.05，可判定因子 A 亦即硬化劑的種類是顯著的，結論是伸縮強度會依硬化劑的種類而有差異。

一元配置實驗的變異數分析，也可稱為單因子變異數分析，英文稱為 One-way ANOVA。

■ 迴歸分析的應用

如本例對於質因子的情形，使用虛擬變數進行迴歸分析，可求出變異數分析表的各種數值。

首先將因子想成說明變數，如下引進虛擬變數：

A	x_2	x_3	x_4
A1	0	0	0
A2	1	0	0
A3	0	1	0
A4	0	0	1

■ 數據的改寫

引進虛擬變數，將先前的數據改寫成 [0, 1] 數據：

X2	X3	X4	Y
0	0	0	30
0	0	0	31
0	0	0	26
0	0	0	27
1	0	0	29
1	0	0	32
1	0	0	33
1	0	0	29
1	0	0	28
1	0	0	29
0	1	0	36
0	1	0	32
0	1	0	34
0	1	0	35
0	1	0	36
0	0	1	31
0	0	1	30
0	0	1	32
0	0	1	27
0	0	1	30

■ 利用Excel的解法

<步驟 1> 輸入數據。

將因子的水準名稱（硬化劑的種類）從 A2 輸入到 A21。

將虛擬變數的數據從 B2 輸入到 D21。

將伸縮強度 y 的數據從 E2 輸入到 E21。

	A	B	C	D	E	F	G	H	I	J	K
1	X	X2	X3	X4	Y						
2	A1	0	0	0	30						
3	A1	0	0	0	31						
4	A1	0	0	0	26						
5	A1	0	0	0	27						
6	A1	1	0	0	29						
7	A2	1	0	0	32						
8	A2	1	0	0	33						
9	A2	1	0	0	29						
10	A2	1	0	0	28						
11	A2	1	0	0	29						
12	A3	0	1	0	36						
13	A3	0	1	0	32						
14	A3	0	1	0	34						
15	A3	0	1	0	35						
16	A3	0	1	0	36						

<步驟 2> 執行複迴歸分析。

利用函數 LINEST 執行複迴歸分析。

LINEST 函數使用「最小平方法」計算資料
最適合的直線，以計算出該線的統計資料，
然後傳回描述該線的陣列。您也可以結合
LINEST 與其他函數來計算其他不明參數的
線性模型統計資料，包括多項式、對
數、指數和冪級數。因為此函數傳回的
是數值陣列，所以它必須以陣列公式
的方式輸入。

■ 解析結果

[儲存格內容]

G1;=LINEST(E2：E21, B2：D21 , 1, 1)

　從 G1 到 J5 以配列數式輸入。

　以 LINEST 所得出的計算結果，其第五行可求出先前變異數分析表中的平方和：

$$因子 A 的平方和 S_A = 101.35$$
$$誤差 E 的平方和 S_E = 61.20$$

　前面的變異數分析表是使用 [資料分析] 進行單因子變異數分析所求出，數據的輸入形式如下（此與迴歸分析的情形是不同的）：

A	B	C	D	E
A1	A2	A3	A4	
30	32	36	31	
31	33	32	30	
26	29	34	32	
26	28	35	27	
29	29	36	30	

6-1-2 量因子的實驗數據

〔例題 6-2〕

　　爲了提高某產品的硬度 y，探索條件而進行實驗。此實驗列舉熱處理溫度當作因子。熱處理溫度以四種水準分別爲 110℃、120℃、130℃、140℃進行一元配置實驗。所得數據如下所示：

　　試解析此實驗數據。

110℃	120℃	130℃	140℃
22	33	32	26
24	34	31	25
26	33	33	28
25	32	32	28
23	32	30	27

■ 實驗數據的圖形表現

　　量因子時以各水準的數值作爲橫軸，以硬度 y 爲縱軸，先製作散佈圖。此處可判斷熱處理溫度與硬度的關係是直線式或曲線。

熱處理溫度與硬度的散佈圖

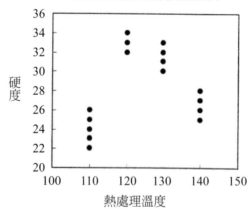

■ 多項式迴歸

　當觀察圖形發現似乎不是配適於直線，而是曲線（二次式）時，因此以熱處理溫度當作 x，設想如下的迴歸式：

$$y = b_0 + b_1x + b_2x^2$$

　一般來說，目的變數 y 如下以說明變數 x 的多項式來表現的迴歸式，其稱為多項式迴歸：

$$y = b_0 + b_1x + b_2x^2 + b_3x^3 + \cdots + b_kx^k$$

■ 利用Excel的解法

< 步驟 1 > 輸入數據。

　將因子的水準值從 A2 輸入到 A21。

　水準值平方和之值從 B2 輸入到 D21。

　硬度 y 的數據從 C2 輸入到 C21。

< 步驟 2 > 執行複迴歸分析。

利用函數 LINEST 執行複迴歸分析：

■ 解析結果

[儲存格內容]

H1;=LINEST(C2：C21, A2：B21 , 1, 1)

從 H1 到 J5 以配列數式輸入。

可得出如下的迴歸式：

$$y = -507.2 + 8.572x - 0.034（貢獻率 0.8745）$$

Excel 的輸入方式：
① Enter：單一儲存格填滿。
（可在 [選項] 中自行設定按 Enter 鍵後，下一個選取範圍的移動方向）。
② Ctrl+Enter：將連續或不連續多個儲存格作一次性填滿。
Ctrl 有多重的作用。
③ Ctrl+Shift+Enter：
將「連續」多個儲存格以「陣列運算」方式作一次性填滿。

■ 次數檢討上的注意

此處再追加三次項，如求其三次式時，可得出如下的迴歸式：

$$y = -2563.2 + 58.353x - 0.434x^2 + 0.001067x^3（貢獻率 0.9112）$$

二次式的貢獻率是 0.8745，三次式的貢獻率是 0.9112，可知三次式的貢獻率較大。如此即認為三次式比二次式更為適切是不行的。因為即使是無意義的曲線，如次數增加，貢獻率也必然會增大的數據。

[儲存格內容]

H7;=LINEST(D2：D21, A2：C21 , 1, 1)

從 H7 到 V11 以配列數式輸入。

迴歸式並非次數愈高，說明變數愈多就愈好，有時簡單的線性迴歸反而更好。

6-2 二元配置實驗

6-2-1 無重複二元配量

〔例題 6-3〕

　　為了提高某印刷物的光澤度 y，探索條件進行實驗。列舉的因子是印刷每種色彩以及印刷紙的種類。色彩的種類（當作因子 A）有四種，分別當作 A1, A2, A3, A4。印刷紙的種類（當作因子 B）有三種，分別當作 B1, B2, B3。AB 全部有 12 種組合，以隨機順序進行 12 次的實驗。實驗結果如下，試解析此實驗數據。

	B1	B2	B3
A1	48	57	54
A2	49	50	56
A3	46	48	51
A4	44	45	50

■ 實驗的重複與交互作用

　　因子數是兩種時所進行的實驗稱為二元配置實驗。二元配置實驗可大略分成兩種：

①無重置二元配置　　②有重複二元配置

　　本例題的實驗是以 AiBj（i = 1, 2, 3, 4；j = 1, 2, 3）的組合分別只進行 1 次的實驗。此種實驗稱為無重複二元配置實驗。如果以相同的組合進行數次實驗時，即為有重複二元配置實驗。

　　要進行無重複二元配置實驗或是有重複二元配置實驗的選擇，取決於是否設想有交互作用。如果不需要考慮交互作用時，則安排無重複的實驗；若是可預料有交互作用存在，或是不能明確否定存在時，則安排有重複的實驗。此處所謂交互作用，是指兩個以上的因子相組合時所產生的效果（組合效果）。譬如在因子 A 中，考慮 A1 與 A2 的哪一者會對特性 y 之值有甚大影響時，它的結論是取決於與因子 B 的哪一個水準相組合而發生改變，此種狀態稱為 A 與 B 有交互作用。

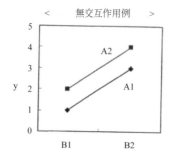

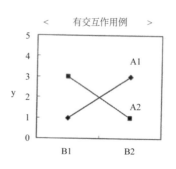

■ 變異數分析

無重複二元配置實驗的數據分析，一般的規則是要製作如下變異數分析表：

< 變異數分析表 >

要因	平方和	自由度	變異數	變異比	P 值
A（印色種類）	45.33	3	15.11	17.548	0.00225
B（用紙種類）	85.50	2	42.75	49.645	0.00019
E（誤差）	5.17	6	0.86		
合計	136	11			

由此變異數分析表，可以得出以下結論：

①對因子 A 來說：

P 值 = 0.00225 < 0.05

因之因子 A 是顯著的，亦即光澤度依印色的種類而有差異。

②對因子 B 來說：

P 值 = 0.00019 < 0.05

所以因子 B 是顯著的，亦即光澤度因用紙的種類而有差異。

■ 迴歸分析的應用

將因子想成說明變數，如下引進虛擬變數：

①就因子 A

A	x_{12}	x_{13}	x_{14}
A1	0	0	0
A2	1	0	0
A3	0	1	0
A4	0	0	1

②就因子 B

B	X_{22}	X_{23}
B1	0	0
B2	1	0
B3	0	1

■ 數據的改寫

引進虛擬變數，將先前的實驗數據改寫成 [0, 1] 數據：

X_{12}	X_{13}	X_{14}	X_{22}	X_{23}	y
0	0	0	0	0	48
0	0	0	1	0	47
0	0	0	0	1	54
1	0	0	0	0	49
1	0	0	1	0	50
1	0	0	0	1	56
0	1	0	0	0	46
0	1	0	1	0	48
0	1	0	0	1	51
0	0	1	0	0	44
0	0	1	1	0	45
0	0	1	0	1	50

■ 利用Excel的解法

<步驟 1> 輸入數據。

　　將因子 A 的水準名稱（印色種類）從 A2 輸入到 A13。
　　將因子 B 的水準名稱（用紙種類）從 B2 輸入到 B13。
　　將虛擬變數的數據從 C2 輸入到 G13。
　　將伸縮強度 y 的數據從 H2 輸入到 H13。

在 Excel 功能欄的「常用」中，在自動加總旁有一個小三角形按鈕，按下去裡面有加總、平均值、計數、最大值、最小值的函數快捷鍵，有了這個基礎的運算就會很快速、省時又省力。

	A	B	C	D	E	F	G	H
1	A	B	X12	X13	X14	X22	X23	Y
2	A1	B1	0	0	0	0	0	48
3	A1	B2	0	0	0	1	0	47
4	A1	B3	0	0	0	0	1	54
5	A2	B1	1	0	0	0	0	49
6	A2	B2	1	0	0	1	0	50
7	A2	B3	1	0	0	0	1	56
8	A3	B1	0	1	0	0	0	46
9	A3	B2	0	1	0	1	0	48
10	A3	B3	0	1	0	0	1	51
11	A4	B1	0	0	1	0	0	44
12	A4	B2	0	0	1	1	0	45
13	A4	B3	0	0	1	0	1	50

<步驟 2> 執行複迴歸分析。

　利用函數 LINEST，執行如下三種的複迴歸分析：

①利用所有的虛擬變數（X12, X13, X14, X22, X23）執行複迴歸分析。

②利用與因子 A 有關的虛擬變數（X12, X13, X14）執行複迴歸分析。

③利用與因子 B 有關的虛擬變數（X22, X23）執行複迴歸分析。

　　倘若你的研究有三類以上的類別變數（就會有兩個以上的虛擬變數）要放到迴歸分析，而且必須使用逐步迴歸時，首先請注意是否有需要同時將所有的虛擬變數一起被選入方程式之中。如果不是，有一個替代作法，亦即將 k-1 類的類別變數都轉換為 2 類的虛擬變數，以體重為例，可以把「過輕跟正常」編碼為 0，把「過重與肥胖」編碼為 1，但須注意這樣分成兩類的方式須符合邏輯以及根據文獻，不可以自己隨便亂分類。

■ 解析結果

J18 | {=LINEST(H2:H13,F2:G13,1,1)}

	A	B	X12	X13	X14	X22	X23	Y
1	A	B	X12	X13	X14	X22	X23	Y
2	A1	B1	0	0	0	0	0	48
3	A1	B2	0	0	0	1	0	47
4	A1	B3	0	0	0	0	1	54
5	A2	B1	1	0	0	0	0	49
6	A2	B2	1	0	0	1	0	50
7	A2	B3	1	0	0	0	1	56
8	A3	B1	0	1	0	0	0	46
9	A3	B2	0	1	0	1	0	48
10	A3	B3	0	1	0	0	1	51
11	A4	B1	0	0	1	0	0	44
12	A4	B2	0	0	1	1	0	45
13	A4	B3	0	0	1	0	1	50

所有變數的複迴歸

J	K	L	M	N	O
6	0.75	-3.33333	-1.33333	2	47.41667
0.656167	0.656167	0.757677	0.757677	0.757677	0.656167
0.96201	0.927961	#N/A	#N/A	#N/A	#N/A
30.3871	6	#N/A	#N/A	#N/A	#N/A
130.8333	5.166667	#N/A	#N/A	#N/A	#N/A

利用與A有關的變數的複迴歸

J	K	L	M
-3.33333	-1.33333	2	49.66667
2.748737	2.748737	2.748737	1.943651
0.333333	3.366502	#N/A	#N/A
1.333333	8	#N/A	#N/A
45.33333	90.66667	#N/A	#N/A

利用與B有關的變數的複迴歸

J	K	L
6	0.75	46.75
1.674979	1.674979	1.184389
0.628676	2.368778	#N/A
7.618812	9	#N/A
85.5	50.5	#N/A

[儲存格內容]

J2; = LINEST(H2：H13, C2：G13 , 1, 1)
從 J2 到 O6 以配列數式輸入。
J10; = LINEST(H2：H13, C2：E13 , 1, 1)
從 J10 到 M14 配列數式輸入。
J18; = LINEST(H2：H13, F2：G13 , 1, 1)
從 J18 到 L22 以配列數式輸入。

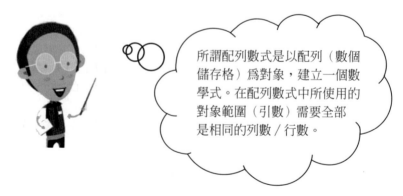

所謂配列數式是以配列（數個儲存格）為對象，建立一個數學式。在配列數式中所使用的對象範圍（引數）需要全部是相同的列數 / 行數。

■ 平方和的整理

所有變數的複迴歸					
6	0.75	-3.33333	-1.33333	2	47.41667
0.656167	0.656167	0.757677	0.757677	0.757677	0.656167
0.96201	0.927961	#N/A	#N/A	#N/A	#N/A
30.3871	6	#N/A	#N/A	#N/A	#N/A
130.8333	5.166667	#N/A	#N/A	#N/A	#N/A

誤差 E 的平方和 S_E = ② + ① = 5.1667
全體的平方和　S_T = ② + ① = 5.1667 + 130.8333 = 136

利用與A有關的變數的複迴歸			
-3.33333	-1.33333	2	49.66667
2.748737	2.748737	2.748737	1.943651
0.333333	3.366502	#N/A	#N/A
1.333333	8	#N/A	#N/A
45.33333	90.66667	#N/A	#N/A

因子 A 的平方和 S_A = ③ = 45.333

利用與B有關的變數的複迴歸		
6	0.75	46.75
1.674979	1.674979	1.184389
0.628676	2.368778	#N/A
7.618812	9	#N/A
85.5	50.5	#N/A

因子 B 的平方和 S_B = ④ = 85.5

在 Excel 的資料表中如有一數列，若要求取這些數列的平方和，可以先求得每個數的平方，再將其加總。現在我們來利用函數求取平方和。
以下三種方式都可以在一個儲存格中直接求得平方和，大家來練習看看：
①儲存格 = SUMSQ（數值）
②儲存格 = SUMPRODUCT（數值＊數值）或
　　　　 = SUMPRODUCT（數值＊數值）
③儲存格 C2{=SUM（數值＊數值）} 或
　　　　{=SUM（數值^2）}

■ 平方和的關係

各平方和之間，有以下所示的關係：

① + ②	= ② + ③ + ④ = 136	= 全體的平方和
① − ③	= 85.5 = ④	= 因子 B 的平方和
① − ④	= 45.333 = ③	= 因子 A 的平方和

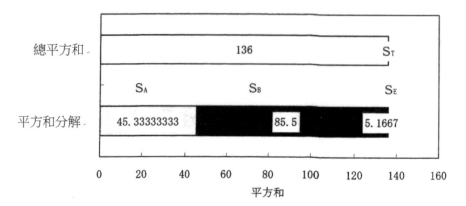

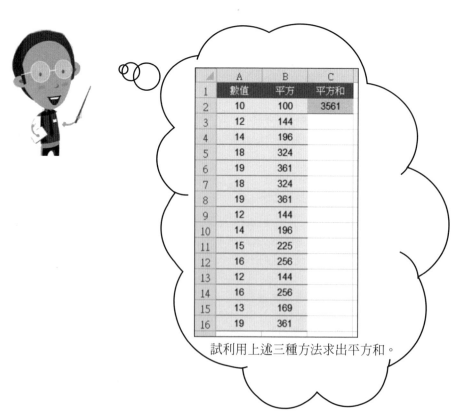

試利用上述三種方法求出平方和。

6-2-2 有重複二元配置實驗

〔例題 6-4〕

　　某汽車零件廠商為了提高零件強度 y，探索條件進行實驗。列舉的因子有材料的種類與焊接方法。原材料種類（當作因子 A）有三種，分別設為 A1, A2, A3，焊接方法（當作因子 B）有四種，分別設為 B1, B2, B3, B4。因為設想 A 與 B 有交互作用，因之以相同條件重複 2 次，以隨機順序進行 24（3×4×2）次的實驗。結果如下，試解析此實驗數據。

	B1	B2	B3	B4
A1	26	28	32	28
	27	30	31	29
A2	28	30	32	29
	27	30	31	29
A3	30	30	30	30
	29	31	31	30

■ 變異數分析

　　有重複的二元配量實驗的數據分析，一般的規則要製作如下的變異數分析表：

要因	平方和	自由度	變異數	變異比	P 值
A（印色種類）	6.25	2	3.125	6.250	0.01381
B（用紙種類）	34.67	3	11.556	23.111	0.00003
A×B（交互作用）	9.08	6	1.514	3.028	0.04845
E（誤差）	6.00	12	0.500		
合計	56	23			

　　依此變異數分析表，可得出如下結論：
①對因子 A 來說：
　　P 值 =0.01381 < 0.05
　　故因子 A 是顯著的，亦即零件強度因原材料的種類而有差異。
②對因子 B 來說：
　　P 值 =0.00003 < 0.05
　　因之因子 B 是顯著的，亦即零件強度因焊接方法而有差異。
③就交互作用來說：
　　P 值 = 0.04845 < 0.05，所以交互作用是顯著的。

■ 迴歸分析的應用

將因子想成說明變數，如下引進虛擬變數：

①就因子 A 而言

A	X_{12}	X_{13}
A1	0	0
A2	1	0
A3	0	1

②就因子 B 而言

B	X_{22}	X_{23}	X_{24}
B1	0	0	0
B2	1	0	0
B3	0	1	0
B4	0	0	1

③就交互作用而言

關於交互作用，想成如下虛擬變數之間的乘積：

$$X_{12} \times X_{22} \qquad X_{12} \times X_{23} \qquad X_{12} \times X_{24}$$
$$X_{13} \times X_{22} \qquad X_{13} \times X_{23} \qquad X_{13} \times X_{24}$$

■ 數據的改寫

A	B	X12	X13	X22	X23	X24
1	1	0	0	0	0	0
1	1	0	0	0	0	0
1	2	0	0	1	0	0
1	2	0	0	1	0	0
1	3	0	0	0	1	0
1	3	0	0	0	1	0
1	4	0	0	0	0	1
1	4	0	0	0	0	1

A	B	X12	X13	X22	X23	X24
2	1	1	0	0	0	0
2	1	1	0	0	0	0
2	2	1	0	1	0	0
2	2	1	0	1	0	0
2	3	1	0	0	1	0
2	3	1	0	0	1	0
2	4	1	0	0	0	1
2	4	1	0	0	0	1
3	1	0	1	0	0	0
3	1	0	1	0	0	0
3	2	0	1	1	0	0
3	2	0	1	1	0	0
3	3	0	1	0	1	0
3	3	0	1	0	1	0
3	4	0	1	0	0	1
3	4	0	1	0	0	1

$$Z_1 = X_{12} \times X_{22}$$
$$Z_2 = X_{12} \times X_{23}$$
$$Z_3 = X_{12} \times X_{24}$$
$$Z_4 = X_{13} \times X_{22}$$
$$Z_5 = X_{13} \times X_{23}$$
$$Z_6 = X_{13} \times X_{24}$$

■ Excel的解法

< 步驟 1 > 輸入數據。

將因子 A 的水準名稱（原材料的種類）從 A2 輸入到 A25。

將因子 B 的水準名稱（焊接方法）從 B2 輸入到 B25。

將虛擬變數的數據從 C2 輸入到 G25。

將零件強度 y 的數據從 N2 輸入到 N25。

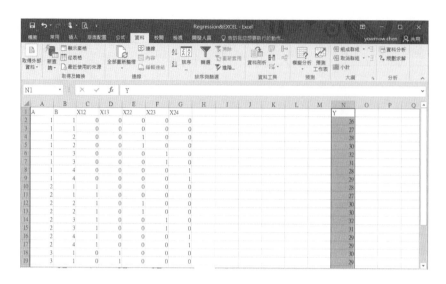

<步驟 2> 輸入積。

在表示交互作用之虛擬變數中，從 H2 到 M25 計算出其乘積：

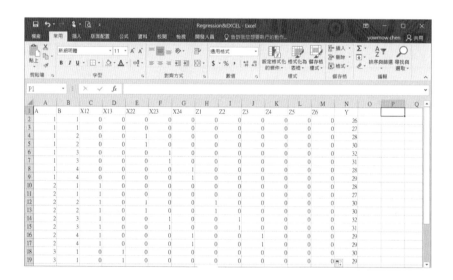

[儲存格內容]

H2; = C2 * E2（從 H3 到 H24 複製 H2）

I2; = C2 * F2（從 I3 到 I24 複製 I2）

J2; = C2 * G2（從 J3 到 J24 複製 J2）

K2; = D2 * E2（從 K3 到 K24 複製 K2）

L2; = D2 * F2（從 L3 到 L24 複製 L2）
M2; = D2 * G2（從 M3 到 M24 複製 M2）

< 步驟 3 > 執行複迴歸分析：
　利用函數 LINEST，實施如下三種的複迴歸分析：
① 利用所有的虛擬變數（包含積的變數）。
② 利用關於因子 A 的虛擬變數（X12, X13）。
③ 利用關於因子 B 的虛擬變數（X22, X23, X24）。

■ 解析結果

	L	M	N	O	P	Q	R	S	T	U	V	W	X	Y	Z	AA
1	Z5	Z6	Y		對所有變數的複迴歸											
2	0	0	26		-1.5	-4	-1.5	-0.5	-1	-1.57655E-15	2	5	2.5	3	1	26.5
3	0	0	27		1	1	1	1	1	1	0.707107	0.707107	0.707107	0.707107	0.707107	0.5
4	0	0	28		0.892857	0.707107	#N/A	#N/A	#N/A	#N/A	#N/A	#N/A	#N/A	#N/A	#N/A	#N/A
5	0	0	30		9.090909	12	#N/A	#N/A	#N/A	#N/A	#N/A	#N/A	#N/A	#N/A	#N/A	#N/A
6	0	0	32		50	6	#N/A	#N/A	#N/A	#N/A	#N/A	#N/A	#N/A	#N/A	#N/A	#N/A
7	0	0	31													
8	0	0	28													
9	0	0	29		與A有關複迴歸											
10	0	0	28		1.25	0.625	28.875									
11	0	0	27		0.769586	0.769586	0.544179									
12	0	0	30		0.111607	1.539171	#N/A									
13	0	0	30		1.319095	21	#N/A									
14	0	0	32		6.25	49.75	#N/A									
15	0	0	31													
16	0	0	29													
17	0	0	29		與B有關複迴歸											
18	0	0	30		1.333333	3.333333		2	27.83333							
19	0	0	29		0.596285	0.596285	0.596285	0.421637								
20	0	0	30		0.619048	1.032796	#N/A									
21	0	0	31		10.83333	20	#N/A									
22	1	0	30		34.66667	21.33333	#N/A									
23	1	0	31													
24	0	1	30		A×B平方和											
25	0	1	30		9.083333											

[儲存格內容]

　P2; = LINEST(N2：N25, C2：M25, 1, 1)
　　　（從 P2 到 AA6 以配列數式輸入）
　P10; = LINEST(N2：N25, C2：D25, 1, 1)
　　　（從 P10 到 R14 配列數式輸入）
　P18; = LINEST(N2：N25, E2：G25, 1, 1)
　　　（從 P18 到 S22 以配列數式輸入）
　P25; = P6 − P14 − P22

■ 平方和的整理

對所有變數的複迴歸											
-1.5	-4	-1.5	-0.5	-1	-1.57655E-15	2	5	2.5	3	1	26.5
1	1	1	1	1	1	0.707107	0.707107	0.707107	0.707107	0.707107	0.5
0.892857	0.707107	#N/A	#N/A	#N/A	#N/A	#N/A	#N/A	#N/A	#N/A	#N/A	#N/A
9.090909	12	#N/A	#N/A	#N/A	#N/A	#N/A	#N/A	#N/A	#N/A	#N/A	#N/A
50	6	#N/A	#N/A	#N/A	#N/A	#N/A	#N/A	#N/A	#N/A	#N/A	#N/A

誤差 E 的平方和 S_E = ② + ① = 6

全體的平方和　S_T = ② + ① = 6 + 50 = 56

與A有關複迴歸			
1.25	0.625	28.875	
0.769586	0.769586	0.544179	
0.111607	1.539171	#N/A	
1.319095	21	#N/A	
6.25	49.75	#N/A	

因子 A 的平方和 S_A = ③ = 6.25

因子 B 的平方和 = ① − ③ − ④ = 50 − 6.25 − 34.6667 = 9.0833

與B有關複迴歸				
1.333333	3.333333	2	27.83333	
0.596285	0.596285	0.596285	0.421637	
0.619048	1.032796	#N/A	#N/A	
10.83333	20	#N/A	#N/A	
34.66667	21.33333	#N/A	#N/A	

6-2-3 不平衡的實驗數據

在二元配置實驗的數據中，對於有遺漏值的不平衡數據實驗，實施複迴歸分析時，前面所敘述的平方和之間的關係是不成立的，以數值例來說明。

[數值例]

	B1	B2	B3
A1	48	47	54
A2	49	50	56
A3	46	×	51
A4	44	45	50

由上圖可知在 A3 B2 中的實驗數據因發生某種事故（如實驗未實施或測量失敗），所以未得出數據。

將此數據以虛擬變數表示時，可如下整理成 [0, 1] 數據表：

X_{12}	X_{13}	X_{14}	X_{22}	X_{23}	y
0	0	0	0	0	48
0	0	0	1	0	47
0	0	0	0	1	54
1	0	0	0	0	49
1	0	0	1	0	50
1	0	0	0	1	56
0	1	0	0	0	46
0	1	0	0	1	51
0	0	1	0	0	44
0	0	1	1	0	45
0	0	1	0	1	50

對此數據利用函數 LINEST，實施如下三種的複迴歸分析：
①利用所有的虛擬變數（X12, X13, X14, X22, X23）。
②利用與因子 A 有關的虛擬變數（X12, X13, X14）。
③利用與因子 B 有關的虛擬變數（X22, X23）。

在例題 6-3 中，各平方和之間成立如下關係：

①－③＝④＝因子 B 的平方和 S_B
①－④＝③＝因子 A 的平方和 S_A

可是在此數值例中，上記的關係不成立：

①－③＝132.4646－44.4091＝88.0555 ≠④ (84.7424)
①－④＝132.4646－84.7421＝47.7222 ≠③ (44.4091)

因有此種情況，故提出求各因子平方和的四種（型Ⅰ，Ⅱ，Ⅲ，Ⅳ）方法，以下揭示利用 SPSS 計算的結果：

〔**SPSS 的計算結果**〕
　利用一般線性模型分析：

受試者間效應項檢定

依變數：Y

來源	類型 I 平方和	自由度	均方	F	顯著性
修正模型	132.465ª	5	26.493	54.190	.000
截距	26509.091	1	26509.091	54223.140	.000
A	44.409	3	14.803	30.279	.001
B	88.056	2	44.028	90.057	.000
誤	2.444	5	.489		
總計	26644.000	11			
修正後總數	134.909	10			

a. R 平方 = .982（調整的 R 平方 = .964）

受試者間效應項檢定

依變數：Y

來源	類型 I 平方和	自由度	均方	F	顯著性
修正模型	132.465ª	5	26.493	54.190	.000
截距	26509.091	1	26509.091	54223.140	.000
B	84.742	2	42.371	86.668	.000
A	47.722	3	15.907	32.538	.001
誤	2.444	5	.489		
總計	26644.000	11			
修正後總數	134.909	10			

a. R 平方 = .982（調整的 R 平方 = .964）

受試者間效應項檢定

依變數：Y

來源	類型 III 平方和	自由度	均方	F	顯著性
修正模型	132.465ª	5	26.493	54.190	.000
截距	24500.389	1	24500.389	50114.432	.000
A	47.722	3	15.907	32.538	.001
B	88.056	2	44.028	90.057	.000
誤	2.444	5	.489		
總計	26644.000	11			
修正後總數	134.909	10			

a. R 平方 = .982（調整的 R 平方 = .964）

Note

第7章
羅吉斯迴歸分析

本章內容

7-1 羅吉斯迴歸的基礎

7-1-1 比率數據的羅吉斯迴歸

　　羅吉斯迴歸（Logistic Regression）類似先前介紹過的線性迴歸分析，主要在探討應變數與自變數之間的關係。線性迴歸中的應變數（y）通常為連續型變數，但羅吉斯迴歸所探討的應變數（y）主要為類別變數，特別是分成兩類的變數（例如是或否、有或無、同意或不同意等）。在羅吉斯迴歸分析中，自變數 x 可以是類別變數，也可以是連續變數。

〔例題 7-1〕

　　某碳黑產品的不良率 p，被認為與某產品所包含的化學物質量 x 有關，因此為檢討化學物質量 x 與不良率 p 之間，有何種關係而進行實驗。實驗是讓 x 按 2、4、6、8、10(g) 改變，調查各階段所製作的產品（300～600 個）之中其不良品個數，因此得出如下的數據：

數據表

化學物質量 x	產品數 n	不良數 r	不良率 p
2	600	10	0.017
4	300	7	0.023
6	600	22	0.037
8	300	15	0.050
10	600	42	0.070

■ 何謂羅吉斯迴歸

　　以比率 p 作為目的變數，針對說明變數 x，設想如下迴歸式：

$$p = b_0 + b_1 x$$

　　當預測 p 值時，預測值比 0 或大於 1 的情形都有，因為是預測比率，所以這是不合適的，因此當目的變數為比率時，要應用羅吉斯迴歸的方法。

　　羅吉斯迴歸是在比率 p 與說明變數 x 之間，設想如下的關係：

$$p = \frac{1}{1 + e^{\{-b_0 + b_1 x\}}} = \frac{1}{1 + \exp\{-(b_0 + b_1 x)\}}$$

　　此與求如下迴歸式是一樣的：

$$\ln\left(\frac{P}{1-P}\right) = b_0 + b_1 x$$

對 p 來說，$\ln\left(\frac{P}{1-P}\right)$ 稱為羅吉斯變換，$\frac{P}{1-P}$ 稱為勝算（odds）。

■ 羅吉斯迴歸的應用場合

羅吉斯迴歸可應用在如下場合中：

① 以比率的數據作為目的變數，想進行迴歸分析。

② 以質變數（[0, 1] 數據）為目的變數，想進行迴歸分析。

本例題相當於①，②是求解判別問題的情況，具體留在下節中介紹。

針對比率 p，使用 k 個說明變數 x_1、x_2、x_3、…、x_k，建立如下式子：

$$\ln\left(\frac{P}{1-P}\right) = b_0 + b_1 x_1 + b_2 x_2 + b_3 x_3 + \cdots + b_k x_k$$

求解 x_i 與 p 的迴歸式稱為多項式羅吉斯迴歸。

■ 最大概似法

羅吉斯迴歸的目的之一，是求出 b_0 與 b_1 的具體數值，為此使用稱為最大概似的方法。

假設某事件發生時 y 當作 1，未發生時 y 當作 0。某事件發生之機率設為 p 時，對 i 個對象，考慮如下計算：

$$p_i{}^{y_i}(1-p_i)^{1-y_i}$$

以此針對所有的對象取積：

$$\prod_{i=1}^{n} p_i{}^{y_i}(1-p_i)^{1-y_i}$$

此稱為概似（likelihood）或概似函數（likelihood function）。使用概似成為最大而決定參數（b_0 與 b_1）之值的方法稱為最大概似法（Maximum Likelihood Estimation）。實務上基於計算方便，是使概似的對數（對數概似）為最大。

■ 利用規劃求解的羅吉斯迴歸

利用 Excel 實施羅吉斯迴歸，並不是活用統計函數或資料分析工具，而是使用 [規劃求解（Solver）] 工具。

<步驟 1 > 輸入數據。

　將說明變數 x 的數據從 A2 輸入到 A6。

　將比率（不良率）的分子從 B2 輸入到 B6。

　將比率（不良率）的分母從 C2 輸入到 C6。

<步驟 2 > 輸入暫定值的迴歸係數。

　將想求的迴歸係數 b_0 與 b_1 的「暫定值」輸入到 H2 與 I2，此處先輸入 0。

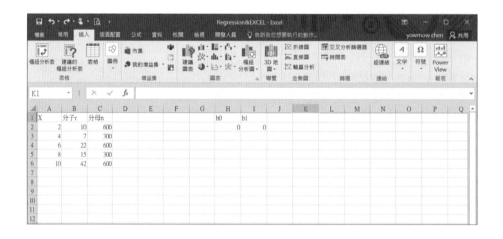

< 步驟 3 > 對數概似的計算。

　　將求對數概似的式子輸入到 I4，並且把作為計算基礎的數值從 D2 到 F6 進行計算。

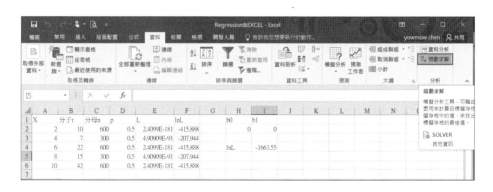

[儲存格內容]

D2; = 1/(1 + Exp(−($H$2+$I$2*A2)))　　　（從 D3 到 D6 複製 D2）

E2; = D2^B2*(1−D2)^(C2−B2)　　　　　　（從 E3 到 E6 複製 E2）

F2; = LN(E2)　　　　　　　　　　　　　（從 F3 到 F6 複製 F2）

I4; = SUM(F2:F6) ← 因取對數不是積而是和。

< 步驟 4 > 規劃求解的活用。

　　選擇〔資料〕-〔規劃求解〕：

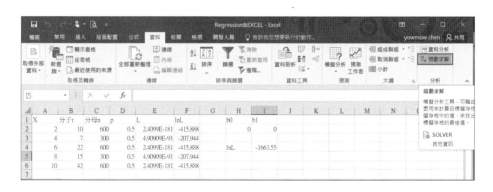

（註）於 Excel 增益集中安裝〔規劃求解〕。此與安裝資料分析相同，於增益集中點選 [規劃求解增益集]。

<步驟 5> 數據的指定與執行。

① 〔設定目標式〕為指定想使對數概似最大化所要輸入的儲存格，本例是指定 I4。
② 因為想使對數概似最大，故〔至〕要選最大值。
③ 〔藉由變更變數儲存格〕是指定要輸出迴歸係數的儲存格，本例是指定從 H2 到 I2（假定數值 0 已輸入）。
在以上的操作下，按一下〔求解〕，接著會顯示如下信息，按下〔確定〕。

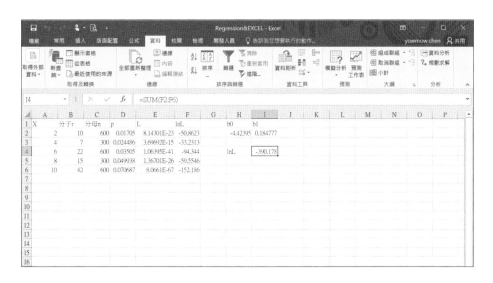

在儲存格 H2 與 I2 中出現所求的迴歸係數：

■ 迴歸式

所求出的迴歸式，即為如下：

$$\ln\left(\frac{P}{1-P}\right) = -4.424 + 0.185X$$

亦即 $p = \dfrac{1}{1 + \exp\{-(-4.424 + 0.185X)\}}$

■ 貢獻率

要觀察迴歸式的適配良好與否要計算貢獻率，以羅吉斯迴歸來說，其貢獻率是如下計算：

最大化的對數概似設為 L_k，不含說明變數只有常數的模式中，其對數概似設為 L_0，貢獻率 = $(L_0 - L_k) / L_0$

此處將 L_0 當作 n 個中有 r 個不良時，如下計算：

$$L_0 = r \times \ln(r) + (n - r) \times \ln(n - r) - n \times \ln(n)$$

	A	B	C	D	E	F	G	H	I
1	X	分子r	分母n	p	L	lnL		b0	b1
2	2	10	600	0.01705	8.14301E-23	-50.8623		-4.42395	0.184777
3	4	7	300	0.024486	3.69692E-15	-33.2313			
4	6	22	600	0.03505	1.06395E-41	-94.344		lnL	-390.178
5	8	15	300	0.049938	1.36701E-26	-59.5546			
6	10	42	600	0.070687	8.0661E-67	-152.186		分子r合計	96
7								分母n合計	2400
8								n-r	2304
9								lnL	-403.066
10								貢獻率	0.031976

[儲存格內容]

I6; = SUM(B2:B6)

I7; = SUM(C2:C6)

I8; = I7-I6

I9; = I6 * Ln(I6) + I8 * Ln(I8) – I7 * Ln(I7)

I10; = (I9 – I4) / I9

貢獻率是 0.032。以一般迴歸分析中的貢獻率來看是極低之值。一般而言，羅吉斯迴歸的貢獻率容易出現低值，因此根據此例的比率數據情形，以迴歸式所預測的比率與實際比率的相關係數或相關係數的平方，最好能同時計算：

	A	B	C	D	E	F	G	H	I	J	K	L
1	X	分子r	分母n	p	L		lnL		b0	b1		r/n	
2		2	10	600	0.01705	8.14301E-23	-50.8623		-4.423954801	0.184777		0.016667
3		4	7	300	0.024486	3.69692E-15	-33.2313					0.023333
4		6	22	600	0.03505	1.06395E-41	-94.344		lnL	-390.178		0.036667
5		8	15	300	0.049938	1.36701E-26	-59.5546					0.05
6		10	42	600	0.070687	8.0661E-67	-152.186					0.07
7									分子r合計	96		
8									分母n合計	2400		
9									n-r	2304		
10									lnL	-403.066		
11									貢獻率	0.031976		
12									相關係數	0.99877		
13									相關係數平方	0.997541		

[儲存格內容]

K2; = B2 / C2　　　　　　　（從 K3 到 K6 複製 K2）

I11; = CORREL(D2:D6, K2:K6)

I12; = I11^2

　相關係數的平方是 0.9975。

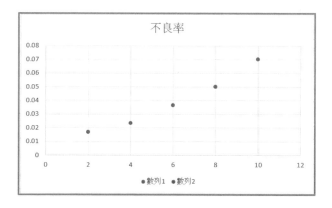

7-1-2 [0, 1]數據的羅吉斯迴歸

羅吉斯迴歸即使目的變數 y 是質性變數（[0, 1] 數據）也能應用，並且它的活用頻率也高。對於此種數據，利用 Excel 實施羅吉斯迴歸的方法，與比率數據的情形幾乎相同，以下以數值例來說明，有關實際例子容下節介紹。

〔數值例〕

x	y
42	1
32	1
33	1
39	1
38	1
31	1
34	1
36	1
36	1
32	1
27	0
26	0
29	0
26	0
33	0
29	0
28	0
29	0
31	0
22	0

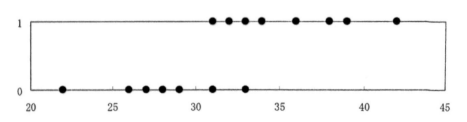

■ 利用Excel的解法

<步驟 1 > 輸入數據。

說明變數 x 的數據從 A2 輸入到 A21。

目的變數 y 的數據從 B2 輸入到 B21。

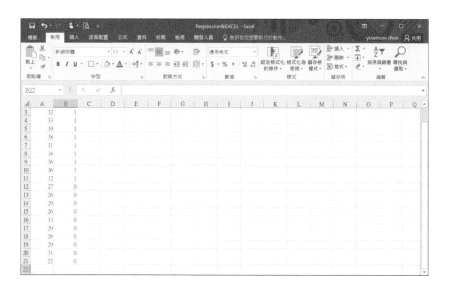

<步驟 2 > 輸入暫定的迴歸係數。

想要求出的迴歸係數 b_0 與 b_1 的暫定值，輸入到 H2 與 I2，此處當作輸入 0。

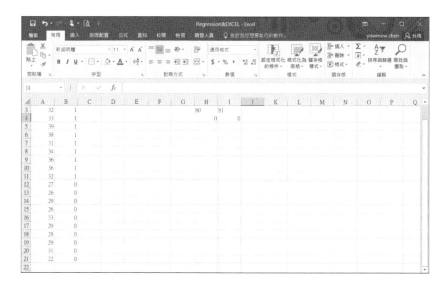

<步驟 3 > 對數概似的計算。

　　將求對數概似的式子輸入到I4，並且將成為計算基礎的數值從E2到E21進行計算：

[儲存格內容]

C2; = 1/(1 + Exp (- ($H$2 + $I$2 *A2)))　　　　（從 C3 到 C21 複製 C2）

D2; = C2^B2 * (1-C2)^(1-B2)　　　　　　　（從 D3 到 D21 複製 D2）

E2; = LN(D2)　　　　　　　　　　　　　（從 E3 到 E21 複製 E2）

I4; = SUM(E2:E21)

<步驟 4 > 活用規劃求解。

<步驟 5> 數據的指定與執行。

指定數據後執行規劃求解，步驟同例題 7-1：

X	Y	p	L	lnL		b0	b1	
42	1	0.574587	0.574587	-0.5541		0	0.007157	
32	1	0.557007	0.557007	-0.58518				
33	1	0.558772	0.558772	-0.58201		lnL	-13.7326	
39	1	0.569331	0.569331	-0.56329				
38	1	0.567575	0.567575	-0.56638				
31	1	0.55524	0.55524	-0.58835				
34	1	0.560536	0.560536	-0.57886				
36	1	0.564059	0.564059	-0.5726				
36	1	0.564059	0.564059	-0.5726				
32	1	0.557007	0.557007	-0.58518				
27	0	0.54816	0.45184	-0.79443				
26	0	0.546387	0.453613	-0.79051				
29	0	0.551703	0.448297	-0.8023				
26	0	0.546387	0.453613	-0.79051				
33	0	0.558772	0.441228	-0.81819				
29	0	0.551703	0.448297	-0.8023				
28	0	0.549932	0.450068	-0.79836				
29	0	0.551703	0.448297	-0.8023				
31	0	0.55524	0.44476	-0.81022				

■ 迴歸式

所求出的迴歸式，即為如下：

$$\ln\left(\frac{P}{1-P}\right) = -34.701 = 1.106X$$

亦即 $p = \dfrac{1}{1 + \exp\{-(-34.701 + 1.106X)\}}$

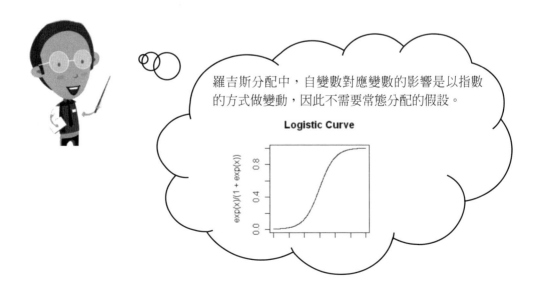

羅吉斯分配中，自變數對應變數的影響是以指數的方式做變動，因此不需要常態分配的假設。

7-2 羅吉斯迴歸的實例

7-2-1 判別問題的應用

〔例題 7-2〕

H 印刷公司想印刷某海報,其品質是由檢查員以目視來評估。影響此品質的特性,可以想出有印刷濃度(X_1)、黏度(X_2)、處理時間(X_3)3 個變數。因此蒐集了有關此 3 個說明變數與品質相關的數據,表示如下:

數據表

X1	X2	X3	Y
15.7	32	32.4	良
16.8	34.4	21.1	良
13.6	35	11.4	良
19.9	35.7	15.8	良
12.7	33.4	17.3	良
19.4	35.8	17.5	良
17.9	34.4	19.2	良
16.8	33.8	23.4	良
19.8	33	22.5	良
19.2	32.4	23.9	良
14	31.9	14.6	不良
15.2	31.3	19.9	不良
14.9	35.4	11.9	不良
17.4	31.4	23.9	不良
12.4	32.1	16.8	不良
13.3	34.2	13	不良
12.7	33.4	14	不良
13.9	31.5	17.4	不良
14.5	32.6	15.1	不良
15.1	32.2	14.3	不良

想考察以 3 個變數判別品質的式子,試著應用羅吉斯迴歸分析看看。

■ 目的變數的數值比

表示品質的變數設為 y，如下加以數值化：

品質良好時→ $y = 0$

品質不良時→ $y = 1$

如此一來，原來的數據可如下改寫：

改寫後的數據

X1	X2	X3	Y
15.7	32	32.4	0
16.8	34.4	21.1	0
13.6	35	11.4	0
19.9	35.7	15.8	0
12.7	33.4	17.3	0
19.4	35.8	17.5	0
17.9	34.4	19.2	0
16.8	33.8	23.4	0
19.8	33	22.5	0
19.2	32.4	23.9	0
14	31.9	14.6	1
15.2	31.3	19.9	1
14.9	35.4	11.9	1
17.4	31.4	23.9	1
12.4	32.1	16.8	1
13.3	34.2	13	1
12.7	33.4	14	1
13.9	31.5	17.4	1
14.5	32.6	15.1	1
15.1	32.2	14.3	1

針對以上的數據，應用羅吉斯迴歸分析。

■ 利用Excel的解法

<步驟 1 > 輸入數據。

說明變數 X_1 的數據從 A2 輸入到 A21。
說明變數 X_2 的數據從 B2 輸入到 B21。
說明變數 X_3 的數據從 C2 輸入到 C21。
目的變數 y 的數據從 D2 輸入到 D21。

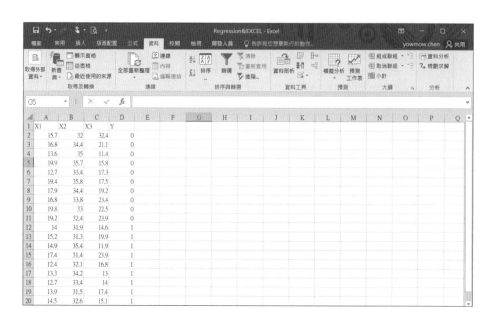

<步驟 2 > 輸入迴歸係數的暫定值。

將想要求的迴歸係數 b_0、b_1、b_2、b_3 的「暫定值」從 J2 輸入到 M2，此處輸入 0。

使用 Excel 規劃求解需要三個要素：目標式儲存格、變數儲存格和限制式。其中變數儲存格用來儲存變數的值，剛開始輸入 0 或空白都沒有關係，如果空白表示該欄位為 0。

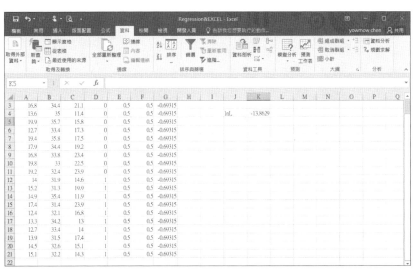

< 步驟 3 > 對數概似的計算。

　　將要求的對數概似式輸入到 K4，並且將成為計算基礎的數值於 G2 到 G21 進行計算：

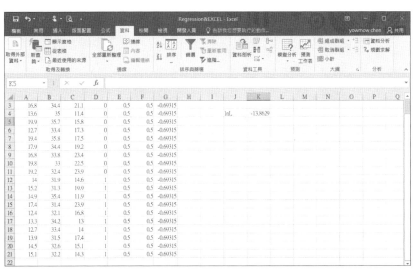

[儲存格內容]

E2; = 1 / (1+Exp (-($J$2 + $K$2 * A2 + $L$2 * B2 + $M$2 * C2)))

　　　　　　　　　　　　　　　　（從 E3 到 E21 複製 E2）

F2; = E2 ^ D2 * (1 - E2) ^ (1 - D2)　　（從 F3 到 F21 複製 F2）

G2; = Ln (F2)　　　　　　　　　　（從 G3 到 G21 複製 G2）

K4; = SUM (G2 : G21)

<步驟 4 > 活用規劃求解。

　　從〔資料〕選擇〔規劃求解〕。

<步驟 5 > 數據的指定與執行。

在以上的操作下,按一下〔執行〕,接著顯示如下信息:

按一下〔確定〕，從 J2 到 M2 即求出迴歸係數：

■ 迴歸式

所求出的迴歸式，即為如下：

$$\ln\left(\frac{P}{1-P}\right) = 252.4685 - 1.82384X_1 + 7.063938X_2 + 2.547666X_3$$

亦即 $p = \dfrac{1}{1 + \exp\{-(252.4685 - 1.82384X_1 + 7.063938X_2 + 2.547666X_3)\}}$

■ **貢獻率**

為了觀察迴歸式的配適良好與否，要觀察貢獻率：

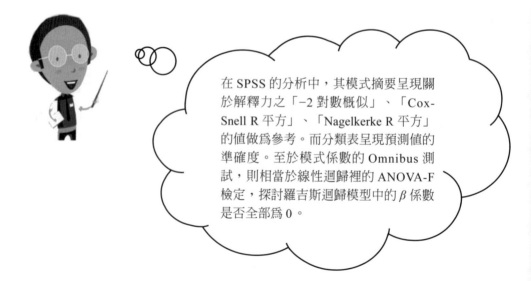

迴歸式的貢獻率為 0.778。

[儲存格內容]

K6; = SUM(D2 : D21)

K7; = COUNT(D2 : D21)

K8; = K7 – K6

K9; = K6 * LN(K6) + K8 * LN(K8) – K7 * LN(K7)

K10; = (K9 - K4) / K9

在 SPSS 的分析中，其模式摘要呈現關於解釋力之「−2 對數概似」、「Cox-Snell R 平方」、「Nagelkerke R 平方」的值做為參考。而分類表呈現預測值的準確度。至於模式係數的 Omnibus 測試，則相當於線性迴歸裡的 ANOVA-F 檢定，探討羅吉斯迴歸模型中的 β 係數是否全部為 0。

7-2-2 迴歸式的活用
■ 迴歸式與判別規則
本例題得出如下的迴歸式：

$$p = \frac{1}{1 + \exp\{-(252.4685 - 1.82384X_1 + 7.063938X_2 + 2.547666X_3)\}}$$

P 是 $y = 1$ 的機率，所以判定：

　　$P < 0.5$ 時，不良（$y = 1$）

　　$P > 0.5$ 時，良（$y = 1$）

[儲存格內容]

H2; = IF (E2 > 0.5 , 1 , 0)　　　　　（從 H3 到 H21 複製 H2）

　　知第 3 與第 13 個數據是誤判。

　　為了能明確查明此事，將誤判的觀察值加上（＊）：

	A	B	C	D	E	F	G	H	I	J	K	L	M	N	O	P	Q
1	X1	X2	X3	Y	p	L	lnL	判定	誤判定	b0	b1	b2	b3				
2	15.7	32	32.4	0	1.15E-12	1	-1.2E-12	0		252.4685	-1.82384	7.063938	2.547666				
3	16.8	34.4	21.1	0	1.18E-06	0.999999	-1.2E-06	0									
4	13.6	35	11.4	0	0.7294	0.2706	-1.30711	1	*	lnL	-3.06423						
5	19.9	35.7	15.8	0	0.024779	0.975221	-0.02509	0									
6	12.7	33.4	17.3	0	0.012385	0.987615	-0.01246	0		r	10						
7	19.4	35.8	17.5	0	6.62E-05	0.999934	-6.6E-05	0		n	20						
8	17.9	34.4	19.2	0	0.001113	0.998887	-0.00111	0		n-r	10						
9	16.8	33.8	23.4	0	2.34E-07	1	-2.3E-07	0		lnL	-13.8629						
10	19.8	33	22.5	0	0.135661	0.864339	-0.14579	0		貢獻率	0.778962						
11	19.2	32.4	23.9	0	0.093259	0.906741	-0.0979	0									
12	14	31.9	14.6	1	1	1	-1.9E-07	1									
13	15.2	31.3	19.9	1	0.999773	0.999773	-0.00023	1									
14	14.9	35.6	11.9	1	0.323698	0.323698	-1.12794	0	*								
15	17.4	31.4	23.9	1	0.818547	0.818547	-0.20022	1									
16	12.4	32.1	16.8	1	0.996054	0.996054	-0.00395	1									
17	13.3	34.2	13	1	0.88281	0.88281	-0.12465	1									
18	12.7	33.4	14	1	0.98251	0.98251	-0.01764	1									
19	13.9	31.5	17.4	1	0.999983	0.999983	-1.7E-05	1									
20	14.5	32.6	15.1	1	0.999961	0.999961	-3.9E-05	1									

[儲存格內容]

I2; = IF（D2 = H2，" "，" * "）　　（從 I3 到 I21 複製 I2）

■ 迴歸式的有效性與誤判率

利用羅吉斯迴歸求出的迴歸式，其有效性可利用貢獻率來觀察，但應用在判別當作判別式使用時，則需要同時觀察誤判率。

觀察本例的判別結果：

實際良卻判為不良的觀測對象有 1 個（NO.3）

實際不良卻判為良的觀測對象有 1 個（NO.13）

合計有 2 個誤判。

因此誤判率是 2 / 20 = 0.1，

如製作 P 與 y 的散佈圖時，哪一個對象是誤判，接近 0.5 的對象是何者可以從視覺來掌握。

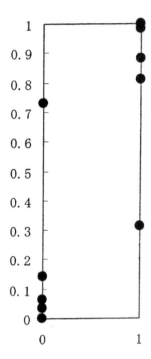

■ 迴歸係數與勝算比

羅吉斯迴歸中的迴歸係數與勝算比有密切關係。勝算比是指說明變數每增加 1 單位，其勝算比的增加程度。今試著比較 X_1 的值為 m 的對象 A，以及與 m+1 的對象 B 的勝算，但其他說明變數之值仍當相同。

對象 A 的不良發生勝算：

$$\frac{P_A}{1 - P_A} = \exp(b_0 + b_1 * m + b_2 x_2 + b_3 x_3 + \cdots + b_k x_k)$$

對象 B 的不良發生勝算：

$$\frac{P_B}{1 - P_B} = \exp\{b_0 + b_1 * (m+1) + b_2 x_2 + b_3 x_3 + \cdots + b_k x_k\}$$

取勝算之比：$\left(\dfrac{P_B}{1 - P_B}\right) / \left(\dfrac{P_A}{1 - P_A}\right)$

亦即 $\exp\{b_1 * (m + 1 - m)\} = \exp(b_1)$，對象 B 比對象 A 有 $\exp(b_1)$ 倍的不良發生勝率，另外迴歸係數的指數即為勝算比。

	A	B	C	D	E	F	G	H	I	J	K	L	M	N	O	P	Q
1	X1	X2	X3	Y	p	L	lnL	判定		b0	b1	b2	b3				
2	15.7	32	32.4	0	1.15E-12	1	-1.2E-12	0		252.4685	-1.82384	7.063938	2.547666				
3	16.8	34.4	21.1	0	1.18E-06	0.999999	-1.2E-06	0									
4	13.6	35	11.4	0	0.7294	0.2706	-1.30711	1		lnL	-3.06423						
5	19.9	35.7	15.8	0	0.024779	0.975221	-0.02509	0									
6	12.7	33.4	17.3	0	0.012385	0.987615	-0.01246	0		r	10						
7	19.4	35.8	17.5	0	6.62E-05	0.999934	-6.6E-05	0		n	20						
8	17.9	34.4	19.2	0	0.001113	0.998887	-0.00111	0		n-r	10						
9	16.8	33.8	23.4	0	2.34E-07	1	-2.3E-07	0		lnL	-13.8629						
10	19.8	33	22.5	0	0.135661	0.864339	-0.14579	0		貢獻率	0.778962						
11	19.2	32.4	23.9	0	0.093259	0.906741	-0.0979	0									
12	14	31.9	14.6	1	1	-1.9E-07	1		勝算比	X1	X2	X3				
13	15.2	31.3	19.9	1	0.999773	0.999773	-0.00023	1			0.161404	1169.039	12.77725				
14	14.9	35.4	11.9	1	0.323698	0.323698	-1.12794	0									
15	17.4	31.4	23.9	1	0.818547	0.818547	-0.20022	1									
16	12.4	32.1	16.8	1	0.996054	0.996054	-0.00395	1									
17	13.3	34.2	13	1	0.88281	0.88281	-0.12465	1									
18	12.7	33.4	14	1	0.98251	0.98251	-0.01764	1									
19	13.9	31.5	17.4	1	0.999983	0.999983	-1.7E-05	1									
20	14.5	32.6	15.1	1	0.999961	0.999961	-3.9E-05	1									

[儲存格內容]

K13; = EXP (K2)　　　　　（從 L13 到 M13 複製 K13）

　　　　勝算（odds）指的是：一件事情發生的機率與沒發生機率的比值。以拋硬幣爲例，拿到正面與反面的機率都是 0.5，所以勝算比（odds ratio）就是 0.5/0.5 = 1。如果一件事情的發生機率是 0.1，那勝算是 0.1/0.9 = 1/9；如果一件事情發生的機率是 0.9，那勝算是 0.9/0.1 = 9。所以勝算是介於 0 與無限大之間。勝算比則以兩件事情的勝算作比較。舉例來說，如果高學歷的人寫部落格的勝算是 2.33，低學歷的人寫部落格的勝算是 0.67，那與低學歷的人比起來，高學歷的人寫部落格的勝算是低學歷的 3.48 倍（2.33/0.67），所以勝算比就是 3.48。

第8章
曲線迴歸分析

本章內容

8-1 曲線迴歸

　　線性迴歸不能解決所有問題，儘管有可能透過一些函數式的轉換，在一定範圍內將應變數與自變數之間的關係轉化為線性關係，但這種轉換有可能導致更複雜的計算或者失真。如果線性模型不能確定哪一種為最佳，就需要嘗試曲線配適的方法，這樣能建立一個簡單且合適的模型。

　　曲線迴歸（Curvilinear Regression）是指對於非線性關係的變數進行迴歸分析的方法。曲線迴歸方程一般是以自變數的多項式表達應變數。方法是根據數據的特點先進行某些變換（如對數變換、平方根變換等），如果變換後得到線性模型，則進行線性迴歸；如果變換後仍得不到線性模型，則可用曲線配適的方法對原始數據進行配適，確定曲線迴歸方程。

〔例題 8-1〕

　　為了調查產品的強度 y，與製造工程中熱處理時間 x 之關係，每當 x 變化時，y 是如何發生變化而進行實驗。實驗是將熱處理時間 x 從 20 秒到 60 秒，每 10 秒改變 1 次，測量當時的強度 y。以相同的熱處理時間成形 3 個。以下的數據表是整理其實驗結果：

x	20	30	40	50	60
y	163	179	176	151	85
	156	188	169	147	77
	149	199	183	132	65

將此資料表現成圖形即為下圖：

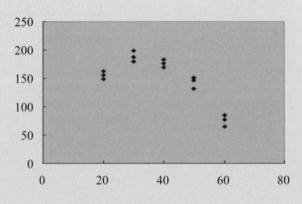

試求出表現強度 *y* 與熱處理時間 *x* 之關係式。

曲線配適（curve fitting）是指對兩個變數資料進行曲線迴歸分析，獲得一個顯著的曲線方程的過程。按照曲線配適，主要可以分為以下四類：

①曲線迴歸分析的一般方程

②指數函數式曲線方程

③冪函數式曲線方程

④羅吉斯曲線方程

　　觀察圖形得知直線對資料適配並不妥當，故無法適配直線，此意指 y 與 x 的關係無法以一次式表示。因此考慮以如下的二次式來表示：

$$y = a + bx + cx^2$$

　　如 y 被認為可以用二次式或三次式以上的式子來表現時，即為多項式迴歸（曲線迴歸）的手法。

　　曲線迴歸分析方法的主要內容有：

①確定兩個變數間數量變化的某種特定的規則或規律

②估計表示該種曲線關係特點的一些重要參數，如迴歸參數、極大值、極小值和漸近值等

③為生產預測或試驗控制進行內插，或在論據充足時做出理論上的外推

曲線方程適配（curve fitting）：是指對兩個變數資料進行曲線迴歸分析，獲得一個顯著的曲線方程過程，按照曲線方程的適配，主要可以分為以下四類：

①曲線迴歸分析的一般程式

②指數函式曲線方程

③冪函式曲線方程

④羅吉斯（Logistic）曲線方程

8-2 利用Excel求二次式

<步驟1> 輸入資料。

<步驟2> 製作散佈圖。

將 A1 到 B16 當作資料的範圍，製作散佈圖：

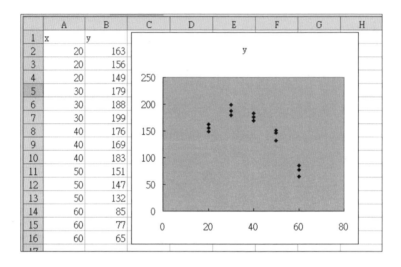

<步驟3> 曲線配適：

首先按兩下散佈圖的點，形成選擇的狀態。

接著從清單的〔圖表項目〕選擇〔趨勢線〕的 [其他選項]。

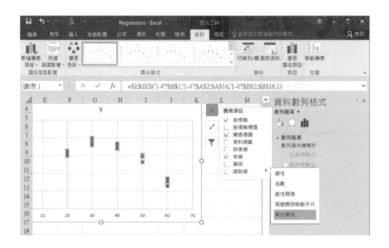

於是出現如下的對話框：

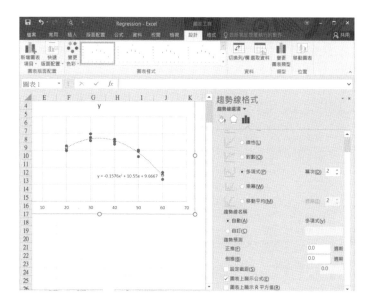

於**趨勢線格式**中：
〔**趨勢線選項**〕中選擇〔**多項式**〕。
〔**冪次**〕指定 2。
〔**選項**〕選擇〔**在圖表上顯示公式**〕。
利用以上步驟即可作出追加有曲線迴歸的散佈圖：

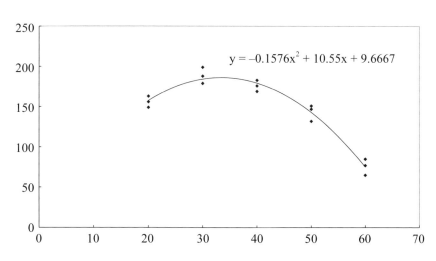

以此方法也可求出迴歸直線，於〔種類〕中選擇〔線性〕：

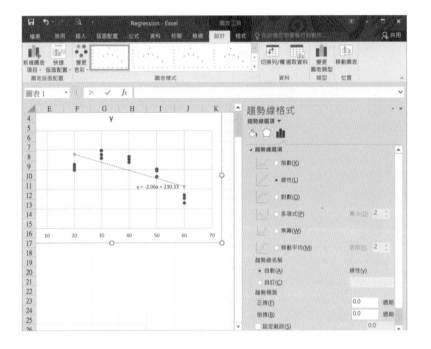

參考文獻

1. 內田治，《Excel 的統計分析》（第 2 版），東京圖書（2010）
2. 內田治，《Excel 的多變量分析》（第 2 版），東京圖書（2010）
3. 內田治，《Excel 的意見調查‧累計‧分析》（第 2 版），東京圖書（2010）
4. 內田治，《Excel 的迴歸分析》，東京圖書（2012）
5. 內田治，《品質管理的基礎》（第 2 版），日本經濟新聞社（2011）
6. 內田治，《實踐 Excel》，科學社（1997）
7. 石村貞夫，《Excel 的統計分析》（第 2 版），東京圖書（2010）
8. Middleton, D., *Data Analysis using Microsoft Excel*, Duxbury (1995)
9. Berk& Carey, *Data Analysis with Microsoft Excel*, Duxbury (1997)

國家圖書館出版品預行編目資料

圖解迴歸分析／陳耀茂作. ——初版.——
　臺北市：五南圖書出版股份有限公司，
　2022.05
　面；　公分
　ISBN 978-626-317-627-0（平裝）

1.CST: 迴歸分析

511.7　　　　　　　　　111001783

5BK5

圖解迴歸分析

作　　者 — 陳耀茂（270）

發 行 人 — 楊榮川

總 經 理 — 楊士清

總 編 輯 — 楊秀麗

副總編輯 — 王正華

責任編輯 — 張維文

封面設計 — 姚孝慈

出 版 者 — 五南圖書出版股份有限公司

地　　址：106台北市大安區和平東路二段339號4樓

電　　話：(02)2705-5066　　傳　　真：(02)2706-6100

網　　址：https://www.wunan.com.tw

電子郵件：wunan@wunan.com.tw

劃撥帳號：01068953

戶　　名：五南圖書出版股份有限公司

法律顧問　林勝安律師事務所　林勝安律師

出版日期　2022年5月初版一刷

定　　價　新臺幣300元

經典永恆・名著常在

五十週年的獻禮——經典名著文庫

五南，五十年了，半個世紀，人生旅程的一大半，走過來了。

思索著，邁向百年的未來歷程，能為知識界、文化學術界作些什麼？

在速食文化的生態下，有什麼值得讓人雋永品味的？

歷代經典・當今名著，經過時間的洗禮，千錘百鍊，流傳至今，光芒耀人；

不僅使我們能領悟前人的智慧，同時也增深加廣我們思考的深度與視野。

我們決心投入巨資，有計畫的系統梳選，成立「經典名著文庫」，

希望收入古今中外思想性的、充滿睿智與獨見的經典、名著。

這是一項理想性的、永續性的巨大出版工程。

不在意讀者的眾寡，只考慮它的學術價值，力求完整展現先哲思想的軌跡；

為知識界開啟一片智慧之窗，營造一座百花綻放的世界文明公園，

任君遨遊、取菁吸蜜、嘉惠學子！